あらゆるサービスに溶け込む
新しい金融のかたち

実践 エンベデッドファイナンス

Embedded Finance

Finatext ホールディングス
伊藤祐一郎
Ito Yuichiro

一般社団法人 金融財政事情研究会

はじめに

投資銀行で働いていた私（筆者）が、大学時代の先輩から誘われ、フィナテキスト（Finatext）という小さなスタートアップに入社したのは２０１６年のことだ。

現在のフィナテキストは、事業会社や金融機関がエンベデッドファイナンス（組込型金融）を可能にするための業務用基幹システム「金融インフラストラクチャ」を提供するフィンテックスタートアップであるが、私が入社した当時は、株やＦＸのデモトレードを手軽に楽しめる無料アプリを提供する、よくあるアプリ開発会社の１社だった。

当時のフィナテキストのビジネスモデルはこうだ。無料のデモトレードアプリを運営し、投資に少し興味があるユーザーを集めてくる。デモトレードや学習コンテンツを楽しんでもらったら、よいタイミングで本当の証券口座での取引をお勧めし、実際の証券会社で口座を開設してくれれば、証券会社から送客手数料をいただく、いわゆるアフィリエイトビジネスと呼ばれるものだった。

当時、無料で学べる金融アプリはほとんど存在しなかったことから、同サービスは人気を博し、ビジネスは大きく成長した。2017年には従業員わずか20名程度にもかかわらず、営業利益で3億円をあげるまでに成長していた。こんなに儲かるのならと、日本にとどまらず、台湾、マレーシア、イギリスに次々とオフィスを開設し、海外で同様のビジネスを展開していった。

しかし、成長する事業を横目に、私たちは一抹の不安を覚えていた。「なぜこんなに儲かるのか」、もっといえば「**なぜ金融機関はこんなにも送客手数料を払ってくれるのか**」について、皆目見当がつかなかったからだ。私はCFO（最高財務責任者）として、この高い送客手数料は何かのまちがいで、あっという間に手数料を下げられてしまい、ビジネスを続けられなくなってしまうという最悪の事態を想定しながら、新規事業を模索していた。

なぜ金融機関はユーザーを集めるのにそんなに苦労するのか。逆になぜ小さなスタートアップである私たちはそれができたのか。その答えが見つからないまま、月日が過ぎていたある日、イギリスオフィスのメンバーから、とある企業のビジネスモデルの紹介を受ける。BUXというFX取引アプリを提供する会社だ。

FXサービスは金融業界のなかでも最も競争が激しい業界で、当時はいかに為替レートをよくするか（いかに手数料を下げるか）、いかに高機能なチャートを提供するかで各社しのぎを削っていた。そんななか、圧倒的後発のＢＵＸは、ゲームライクにユーザー同士が競ったりコミュニケーションしたりできる「ゲーム×ＦＸ」という、これまでとはまったく異なるコンセプトで、業界に参入してきた。取引画面ではあえて機能を絞り、ゲームのような使いやすさを実現したことで、手数料が決して安いわけではないにもかかわらず、初心者を中心にユーザーを獲得していった。ＢＵＸについて、もう１つ私の興味を引いたものがあった。それは、このサービスがＢＵＸの口座ではなく、パートナー金融機関の口座を開設してもらい、アプリだけＢＵＸのものを使うという形で提供されている点だった。

手数料やチャートの機能にこだわらず初心者に特化したら、こんなにもわくわくするようなサービスをつくることができること、また、**自社でライセンスをもたずユーザー向けサービスだけに注力すれば、固定費を下げられニッチなサービスでも事業化を目指せる**ことを学んだ。それと同時に、私は１つの仮説をもった。

２０００年前後から「オンライン化」が進んだ金融業界はとうとう成熟期に入り、大手金融機関は皆同じような価格体系と機能を提供することとなり、差別化が難しくなった。その結果、テレビＣＭや比較サイトなどを通じて顧客を獲得するのに莫大な広告費がかかるようになってしまっているのではないかという仮説だ。

振り返ってみると、フィナテキストが提供していたサービスは、口座開設せずに無料で遊ぶことができたため、投資に少し興味があるユーザーを獲得することに長けており、実際の取引サービスではなかったために大胆にシンプルなデザインを採用し、非常にわかりやすい操作性を実現していた。これにより、投資をしてみたいという「興味顕在層」を他の金融機関と取り合うのではなく、「潜在層」にリーチしサービスのなかで関心を高めてもらうことで、結果的に非常に安いマーケティング費用で顧客を獲得できていたのだ。

これからの金融においては、サービスに関心をもつ一歩前から関係があり、関心が高まった瞬間に適切なサービスを提供できる「接点」や、全員にとってよいサービスにするのではなく、特定のユーザー層に絞った特徴あるサービスを提供することが重要になってくる。そうであれば、**既にユーザーをもっているプレイヤーが金融サービスも提供できるような仕組み、それも初期費用が何十億円もかからずに安価にはじめられるようなものがあれば、金融サービスはもっとおもしろく、身近なものにできるのではないか**というアイデアに至った。

このアイデアに基づき、子会社としてスマートプラスを設立。証券機能をＡＰＩベースで提供しさまざまな証券サービスを生み出す「Brokerage as a Service」というコンセプトを打ち出すと、最初のパートナーとして、２０１９年にクレディセゾンが同社のクレジットカードユーザー向けに株・投信の積立サービスを提供しはじめた。

それから5年がたち、フィナテキストグループは株式投資だけでなく、保険や貸金サービスの基幹システムも提供するようになり、2024年9月時点でパートナー数は26社にまで拡大している。

これまでさまざまな金融機関や事業会社と議論をし、実感していることがある。それは**金融業界がゆっくりゆっくりと大きな変革を迎えようとしている**ということだ。このトレンドは既に世界中で起こりはじめており、近年ではアップル（Apple）まで金融業界へ参入してきている。数年前までエンベデッドファイナンスの事例はほとんどが決済の分野だったが、現在では投資、保険、融資、預金等に拡張している。

本書が目指すのは、新時代の金融サービス「エンベデッドファイナンス」に向けた一歩を踏み出すことだ。新たな成長機会を検討するうえで、エンベデッドファイナンスがもたらす価値は、金融業界だけでなく、これまで金融業界とは関わりのなかった業界にとっても無視できない存在となっている。

本書では、エンベデッドファイナンスの最前線でさまざまな金融機関や事業会社と議論をしてきた筆者の視点から、前半でエンベデッドファイナンスの概観をまとめつつ、後半では多くの具体的な事例を取り上げている。

大企業から中小企業までさまざまなエンベデッドファイナンスの事例を掘り下げていくなかで、一見、金融業界とは無縁だと思われていた方々からも、新しい活用アイデアが生まれることを期待している。

2024年12月

伊藤　祐一郎

目次

第2章 なぜいまエンベデッドファイナンスが注目されるのか

第3章 エンベデッドファイナンスを実現する仕組み

第4章 マスサービスにおけるエンベデッドファイナンス

第6章 アメリカのBaaS業界で起きていること

〈本書の留意事項〉

① 本書に含まれる情報に関しては、筆者が信頼できると判断した情報をもとに作成したものですが、その正確性・完全性を保証するものではありません。なお、意見に当たる部分は筆者個人の見解です。

② 本書に記載されている内容は、執筆当時のものです。

③ わかりやすさを優先したために、一部、省略・簡略化した表現を用いています。

第1章

エンベデッドファイナンスとは

1 新しいプレイヤーによる金融サービスの台頭

2023年4月、アップルがゴールドマン・サックス（Goldman Sachs）と提携しアメリカで預金サービスを開始すると、金融業界に大きな衝撃が走った。4・15％という魅力的な預金金利と、アップルカードユーザーならわずか1分で利用可能になるアップルらしい洗練されたユーザー体験は、金融サービスの新たな進化を予感させるものであった。実際、サービス開始からわずか4カ月で100億ドルの預金を集め、瞬く間に人気サービスへと成長を遂げた。

同時期、日本でもフリマアプリ大手のメルカリが金融サービス市場に参入。2022年11月に開始されたメルカードは、メルカリの利用実績に基づく独自の限度額設定や、アプリ内で完結する優れたユーザー体験で人気を博し、カード発行数はわずか約1年4カ月で300万枚を突破した。この急速な顧客拡大は、金融業への進出に先駆的に取り組んできた丸井グループのエポスカードや、日本を代表するＩＴ企業である楽天グループの楽天カードと比較しても、半分以下の期間での達成となり、業界内外から大きな注目を集めることとなった。

このように２０２０年前後から、**これまで金融業界とは縁のなかった企業が金融サービスを次々と提供しはじめている**。特筆すべきは、これらが単に大企業の新規事業として開始されるのではなく、**既存サービス内に金融機能を統合し、スムーズな利用を可能にする**形で展開されている点だ。ここで紹介したような、一般的なサービスのなかで金融サービスも提供することを「**エンベデッドファイナンス（組込型金融）**」と呼び、近年、大きな注目を集めている。金融業界専門のリサーチ会社であるJuniper Researchのレポートによると、**エンベデッドファイナンスの市場規模は、２０２４年時点で決済領域を中心に既に９２０億ドルに達しており、２０２８年にはおよそ２・５倍の２２８０億ドルに拡大すると予測されている**（図表１－１－１）。同レポートでは、ＢtoＢセグメントとエンベデッドインシュアランス（組込型保険）が今後の成長をけん引すると見込まれており、特に組込型保険は、ＥＣプラットフォーム上での提供が増加することで２０２４年から２０２８年にかけて１２５％の成長が期待されている。

地域別にみると、アジア太平洋地域の潜在性が際立つ。ボストン コンサルティング グループとQED Investorsが２０２３年５月に公表したレポートによると、エンベデッドファイナンスを含むフィンテックの市場規模は２０３０年までに２０２１年の６倍の１・５兆ドルへ成長

図表1－1－1　エンベデッドファイナンスの市場規模

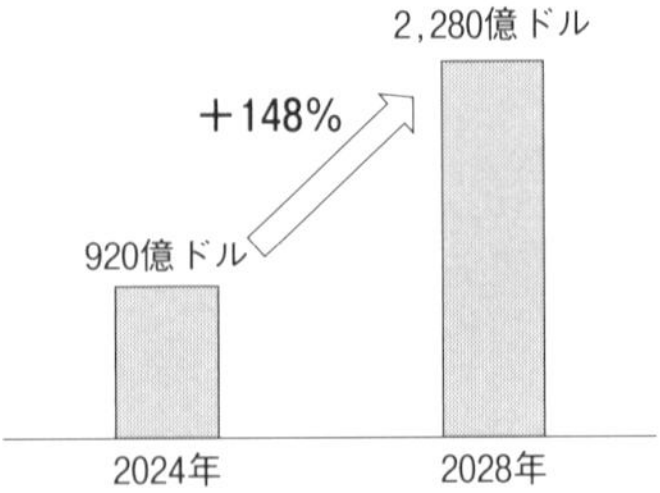

（出所）　Juniper Researchより作成

すると予測されているが、そのなかでもアジア太平洋地域は2021年の8・5倍の0・6兆ドル超となり世界最大の市場に成長すると見込まれている。また、2024年6月公表のレポートでは、エンベデッドファイナンス単独の市場規模が2030年までに3200億ドル以上に達すると予測されている。そのうち、中小企業セグメントは1500億ドル、消費者セグメントは1200億ドル、大企業セグメントは500億ドルと見込まれている。

市場規模の大きい金融業界において、これほどの成長が期待されることは稀であり、これから金融領域へ参入しようとする企業にとっては大きな事業機会になるだろう。これだけ可能性を秘めた「エンベデッドファイナンス」とは何か。次節ではまず基本的なエンベデッドファイナンスの考え方について解説しよう。

2 金融を組み込むとはどういうことか

生活に潜む金融ニーズを捉える

エンベデッドファイナンスとは、直訳すると「組み込まれた金融」という意味になるが、「金融を組み込む」とはどういうことか。シンプルな事例として、インターネットで海外旅行を予約するケースを取り上げてみよう。

インターネットで海外旅行を予約する際、従来は旅行代理店等のサイトで航空券やホテルを予約し、その後、必要に応じて海外旅行保険に別途加入する必要があった。しかし、エンベデッドファイナンスの場合、旅行代理店等のサイト上で航空券やホテルの予約と同時に海外旅行保険への加入手続も行うことができる。同時に申込みができると、入力データをそのまま引き継げるため、個人情報や旅行行程を何度も入力する必要がなくなり、スムーズに保険に加入できるようになる。

このように、わざわざ金融機関に出向いたり、別のウェブサイトで手続をするのではなく、ニーズのあるところに組み込まれた金融サービスを自然な導線で利用できるようにする、というのがエンベデッドファイナンスの発想である。

しかし、「金融以外のサービスと金融サービスを組み合わせて提供する」こと自体は決して新しい概念ではない。たとえば、先ほどあげた海外旅行の事例でいえば、空港で海外旅行保険に加入したり外貨両替をしたりしたことがある人は多いだろう。これも、金融以外のサービスが提供される「空港」という場所で金融サービスが提供されている事例といえる。

ただし、従来のアプローチは、需要が集中する特定の場所に金融機関がカウンターや出張所等を設置する形式であった。空港のように大きな需要が見込める場所であれば、保険会社や銀行がカウンターや出張所を置くことは可能だが、実際、**世の中に存在する金融サービスへのニーズの大部分は、日常生活のさまざまな場面に点在した小さいニーズだ**。これらの点在する小さなニーズ1つずつに金融機関が対応することは、コストの観点から困難であった。

また、従来の金融サービスは、ライセンスの登録等から商品の組成、システムの運用・保守、販売に至るまで、原則としてすべてを自社グループ内で完結させる形態が主流であった。これは複雑な規制を遵守し、コンプライアンスやセキュリティ対策を徹底する必要があったためである。堅牢で高いセキュリティを備えたシステムや業務フローを自社内に構築せざるをえなかったことは、他社との連携を困難にする要因となっていた。

しかし、近年の技術革新により、**API（Application Programming Interface：プログラムの機能やデータをその他のプログラムでも利用できるようにするための仕組み）を通じて、金融機関が提供してきた機能や商品を第三者が提供できるようになってきた**。これにより、利用者は金融機関の支店やウェブサイトを訪れることなく簡便に金融サービスを利用できるようになり、顧客体験が飛躍的に改善されただけでなく、多様な新しい金融サービスが登場しはじめている。

「エンベデッドファイナンス」と「BaaS」の違い

なお、エンベデッドファイナンスと密接に関連する概念として「BaaS（Banking as a Service）」がある。BaaSは文字どおり「サービスとして銀行業務を提供する」という意味で、銀行機能をAPIなどを通じて第三者に提供することを指す。よって、BaaSとエンベデッドファイナンスはほぼ同じことを指しているが、エンベデッドファイナンスは利用者の視点から非金融サービスのなかに金融サービスが統合された状態を表現しているのに対して、**ＢａａＳは事業者の視点からエンベデッドファイナンスを実現するために金融機能を事業者へ提供することを指す点が異なる。**

ＢａａＳは広義には銀行業務に限らず金融機能全般のＡＰＩを提供する役割を指し、狭義にはデビットカードや預金口座機能をＡＰＩで提供する役割を指すのが一般的である。

このように、金融機能を他のサービスと組み合わせて提供するためには、いくつかの役割が必要となる。その実現に必要な役割とは、「ブランド（Brand）」「イネイブラー（Enabler）」「ライセンスホルダー（License Holder）」の3つだ。これらの役割分担と連携によって、さまざまな業界の事業者が金融機能を効果的に組み込み、利用者に革新的な価値を提供することが可能となるのである。次節では、エンベデッドファイナンスにおける3つの役割について、より詳しくみていこう。

3 エンベデッドファイナンスの提供に必要な3つの役割

エンベデッドファイナンスの実現には、「**ブランド**」「**イネイブラー**」「**ライセンスホルダー**」という3つの不可欠な役割が存在する。それぞれの役割の関係性は図表1－3－1のとおりだ。

ブランド――金融機能をシームレスに統合

1つ目の役割である「ブランド」は、最終的に利用者に金融サービスを提供する顔となる存在である。ブランドは、顧客との直接的な接点をもち、アプリやウェブサービスを通じて包括的な顧客体験を設計・提供する。この役割の重要性は、**金融機能を既存のサービスや製品に**

図表1－3－1　エンベデッドファイナンスに必要となる3つの役割

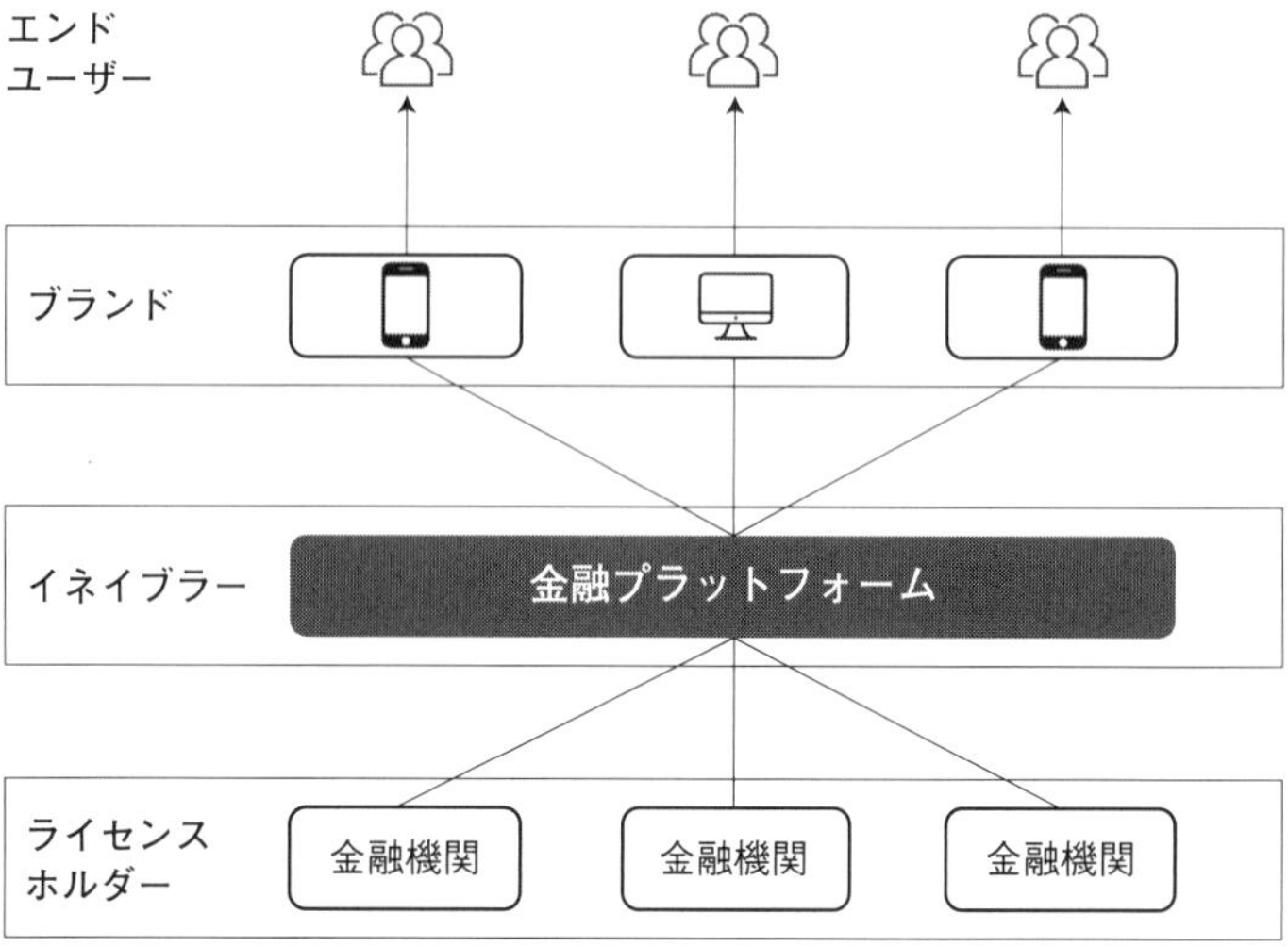

シームレスに統合することにある。

たとえば、メルカリは、出品者の売上金を決済サービスのメルペイに直接連携させ、新たな購入の支払いに利用できるようにしている。このように、ブランドは金融サービスを自社の主要なサービスに巧みに組み込むことで、顧客にとってより価値のある、統合された体験を創出。単なる機能の統合だけでなく、顧客との信頼関係を構築し、ブランド価値を高めることで、従来の金融機関では実現が難しかった新たな顧客層の開拓や、革新的なサービスの展開を可能にしている。その点において、ブランドはエンベデッドファイナンスのエコシステムにおいて、イノベーションの源泉としての役割も果たしている。

イネイブラー――金融イノベーションの加速

2つ目の役割である「イネイブラー」は、**ブランドと後述するライセンスホルダーをつなぐ中間役を果たす**。イネイブラーはAPIプラットフォームを通じて複数の金融機能をサービスとして提供することで、ブランドが独自のシステム開発やライセンス登録等の負担なく金融サービスを展開できるようサポートする。ライセンスホルダーにとっても、イネイブラーは多数のブランドと個別に連携することに伴う煩雑さを軽減する役割を果たしてくれる存在だ。

また、イネイブラーは金融と技術の専門知識を融合させ、**法令やライセンスホルダーから求められるコンプライアンス要件を遵守することを支援している**。たとえば、ウーバー（Uber）の独自クレジットカードサービスUber Cardは、マルケタ（Marqeta）のシステムを活用することで、自社でのシステム構築を回避しつつ、法令に準拠したカードサービスを展開している。このように、イネイブラーは金融イノベーションを加速させる役割を担っている。

ライセンスホルダー——商品・サービスの組成

3つ目の役割である「ライセンスホルダー」は、**法的に必要な金融ライセンスを保有し、実際の金融商品やサービスを組成する役割を担う。**イネイブラーを介してブランドと連携するが、法的にはあくまでもライセンスホルダーのサービスをブランドが提供する形式をとる。たとえば、アップルがアメリカで提供している預金サービスは、実際にはゴールドマン・サックスがライセンスホルダーとして運営している。

ライセンスホルダーの役割は、単なる法的要件の充足にとどまらない。彼らは**金融リスク管理、コンプライアンス、そして規制当局との関係構築において豊富な経験と専門知識を有している。**これにより、ブランドやイネイブラーは日々変化する金融規制を直接管理することなく、サービスの開発・運用に注力することが可能となる。

これら3つの役割が相互に補完し合うことで、エンベデッドファイナンスは従来の金融サービスの枠を超えた、利用者中心のサービスを生み出している。次節では誰がどの役割を担うことでエンベデッドファイナンスを実現しているのか、国内外の具体例を確認していこう。

4 各役割を担うプレイヤー

ショッピファイが提供する革新的な預金口座サービス

ショッピファイ（Shopify）は、中小企業や個人によるECサイトの開発・運営を支援する企業で、自社ECサイトを立ち上げて世界中に商品を販売できるECプラットフォームを展開している。顧客としてEC事業者を多数抱えるショッピファイはブランドの役割を担い、EC事業者向けにさまざまな金融機能を提供している。

その1つにShopify Balanceと呼ばれる預金口座サービスがある（現在はアメリカのみで提供）。EC業界は資金繰りが悪化しやすいという業界共通の課題があり、ショッピファイは顧

図表1－4－1　Shopify Balanceにおける各プレイヤーの役割

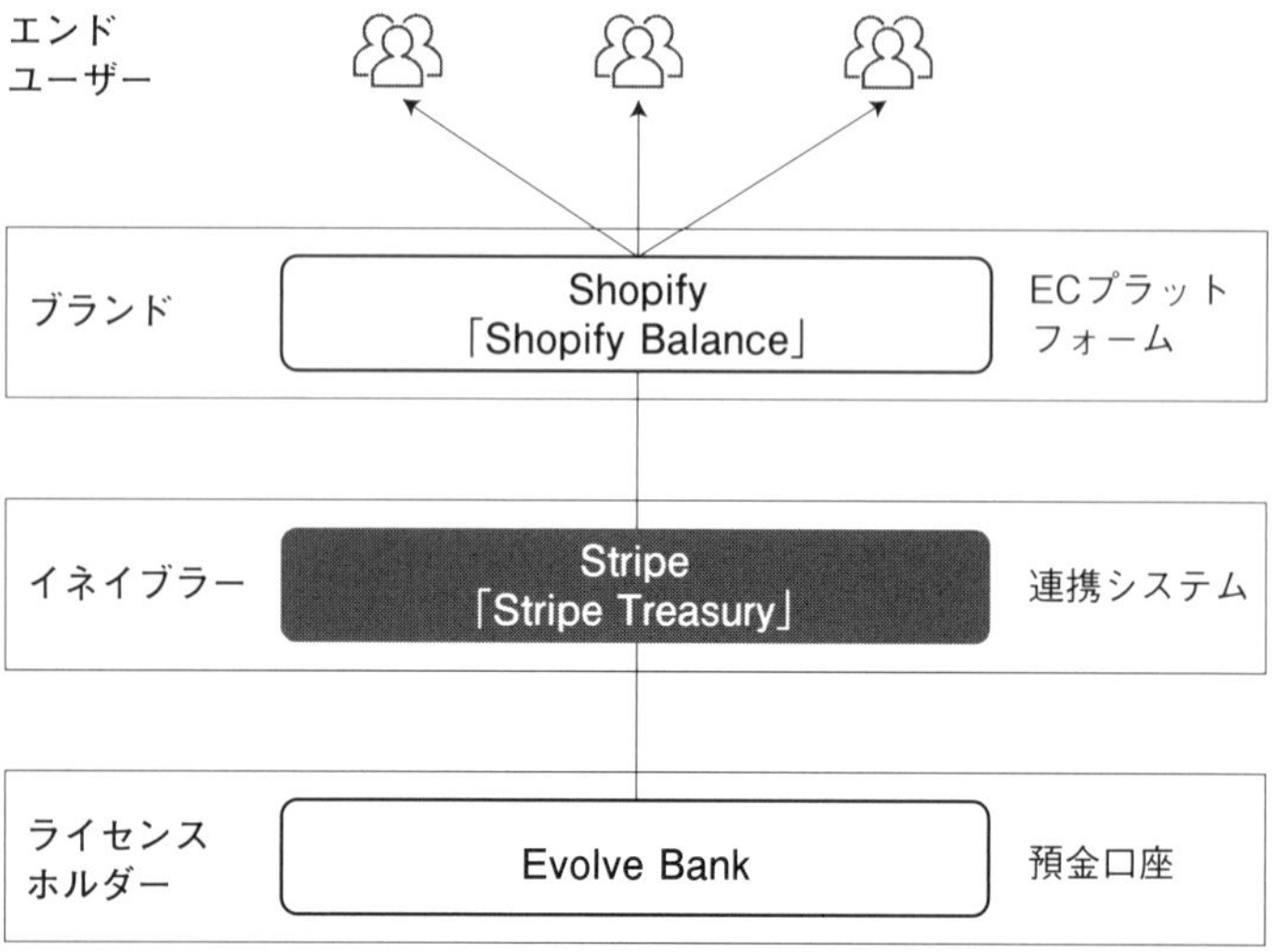

客向けに資金を1カ所に集約できる預金口座サービスを提供。商品販売代金の受取りから製造費・広告費の支払いまでを一元管理できるようにすることで、売上入金と費用支払いのタイミングにできるだけ時差が生じないようにし、資金繰りの改善を支援している。

ショッピファイはブランドとしてサービスの顔となり、エボルブ銀行（Evolve Bank）という地域銀行がライセンスホルダーとして実際の預金口座を提供し、ストライプ（Stripe）がイネイブラーとしてStripe Treasuryというシステムを用いて、両者をつなぐ役割を果たしている。この三者の連携により、EC企業向けの法人銀行口座サービスが運営されている（図表1－4－1）。

投資用不動産購入サイト上で提供される火災保険

次に紹介するのは、国内の保険販売におけるエンベデッドファイナンスの事例だ。

ジーエーテクノロジーズ（GA technologies）は、投資用不動産購入サイト「リノシー（RENOSY）」を運営する不動産領域のIT企業である。不動産購入時には火災保険への加入が必要であるため、同社は**投資用不動産購入者向けに、リノシーのウェブサイトから簡単に火災保険に加入できるサービス**を提供している。

東京海上日動火災保険がライセンスホルダーとして火災保険を提供し、フィナテキストがイネイブラーとして保険業務システムInspireを通じて、東京海上日動火災保険とリノシーの連携を支援している（図表1－4－2）。

従来、リノシーにおける不動産購入者は、ジーエーテクノロジーズの営業担当者から商品説明を受け、必要事項を記入した申込書を郵送により提出して保険契約をしていたが、手続が煩雑で、多くの顧客が保険の契約を後回しにする課題を抱えていた。そのため、ジーエーテクノロジーズ、東京海上日動火災保険、フィナテキストの3社が連携し、リノシーのウェブサイト

図表1－4－2　RENOSYで提供する火災保険における各プレイヤーの役割

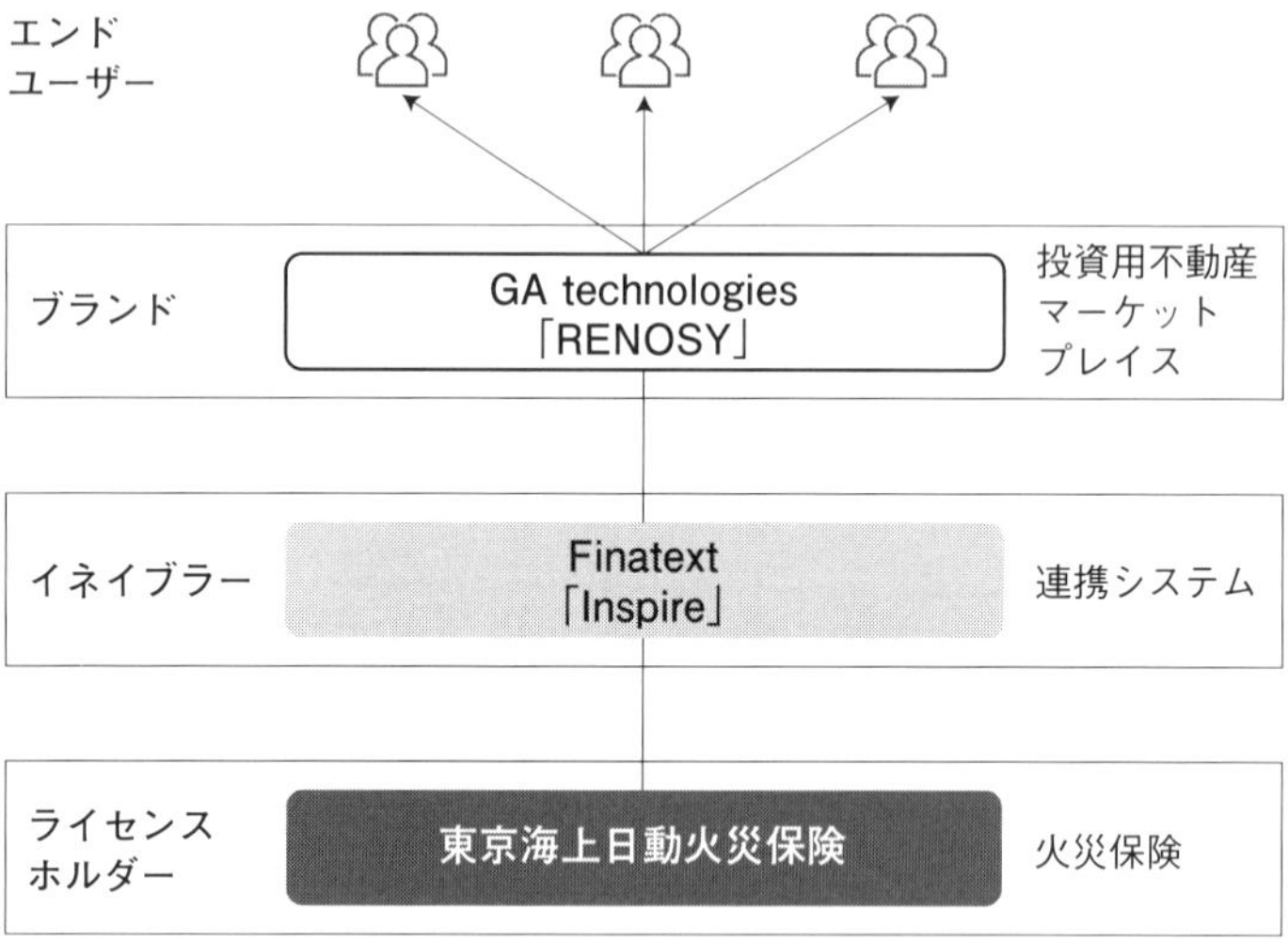

から簡単に保険契約を申し込めるサービスを設計した。**リノシー上のデータが自動的に連携されるため、見積もりや申込みが非常に簡単になり、顧客体験は飛躍的に向上した。**

改善したのは顧客体験だけではない。ジーエーテクノロジーズの営業担当者の手間も削減された。リノシーのマイページ上で保険が自動的に案内されるため、営業員による案内の工数が削減されたことに加え、データの自動連携により不備や質問も減少。手続状況もリアルタイムで確認できるため、手続漏れのリスクも低減された。

このように、**顧客体験や営業業務の改善にはデータの自動連携が欠かせな**

い。しかしながら、実際にデータを連携させるには多くの困難を伴う。たとえば、一般に、火災保険の申込みにあたっては、氏名、生年月日、連絡先、住所などの個人情報と、物件名、所在地、階数、築年数、構造、専有面積、建築価格・建物評価額などの物件情報を提出する必要がある。しかし、多くの不動産会社では、物件に関する書類が紙やＰＤＦデータで保管されており、データを自動的に連携することは難しい。こうした状況は不動産業界に限った話ではなくどの業界でも起こっており、活用したい情報が連携できる形ではじめから適切に保管されているケースはむしろ稀だ。データ連携をしたくてもそれができず、裏側で手作業によって必要事項を入力する、あるいは、自動化できずに頓挫するといった事例を筆者自身も数多くみてきた。ジーエーテクノロジーズは前述の項目をすべてデータベース化していたため、スムーズに保険申込みでも活用でき、これまでにない顧客体験を実現することができた。

ロイヤリティ向上に寄与する投資サービスを提供するクレディセゾン

クレジットカード発行会社のクレディセゾンは、「セゾンポケット」という投資サービスを提供している。**クレディセゾンのカード会員向けのかんたん積立投資サービスで、クレジット**

カードやポイント等で積立てが可能な点が特徴だ。同サービスでは、クレディセゾンがブランドとして顧客接点をもち、スマートプラスがイネイブラーとライセンスホルダーの両方の役割を担っている。

クレディセゾンのカード会員は、原則として本人確認（KYC：Know Your Customer）が完了している。その情報をクレディセゾンからイネイブラーのスマートプラスへ連携することで、投資サービスの口座開設時に改めて本人確認をする必要がなくなり、カード会員はスムーズにサービスを開始できる。これによって、スムーズな口座開設プロセスを可能にし、投資初心者にも親和性の高いサービスを提供している。

クレディセゾンが、こうしたクレジットカード以外の金融サービスを提供している背景には、決済業界において激化するシェア争いがある。クレジットカードだけでなく、電子マネーやQRコード決済等、さまざまな決済手段が登場した結果、非現金決済の比率が高まると同時に、一個人が契約する決済手段の数も飛躍的に増加した。筆者自身もクレジットカードを3枚もち、QRコード決済も2つ併用しており、合計5つの決済手段を常時使っている。これまではいかに新規顧客を獲得するかが重要であったが、現在は契約されている複数の決済手段からいかに自社の決済手段を使ってもらうかが重要になっている。

そこで、クレディセゾンは**顧客のロイヤリティ向上策として、組込型投資サービスを活用し**

図表１－４－３　投資サービス（セゾンポケット）の
ロイヤリティへの影響

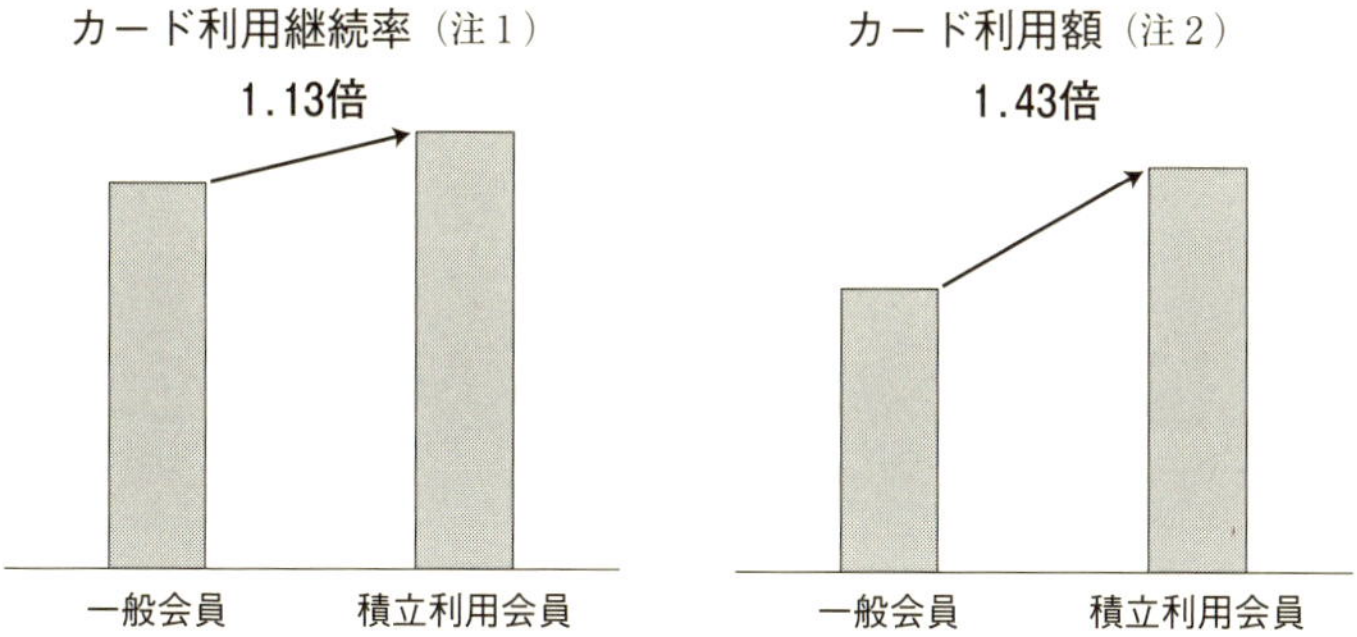

（注１）　直近１年間（2020年12月時点）でカード利用があるユーザーのうち、翌年（2021年12月時点）においても直近１年間でカード利用がある割合

（注２）　2019年４月の利用額を100としたときの積立設定後の利用額（セゾンポケットの決済額は除く）

（出所）　Finatextホールディングス決算説明資料（2021年度第４四半期）

ている。投資サービスは、日々値動きすることから、ちょっとした空き時間にアプリを開くことが多いという効果がある。日々顧客接点を保っておくことで、日常生活においていざ決済をするときに、クレディセゾンを使ってもらう可能性を高めることができる。

実際、同社のデータを分析すると、投資サービスを契約した会員はカード利用継続率が13％、カード利用額が43％も高く、投資サービスの提供がロイヤリティ向上に寄与しているという結果が得られている（図表１－４－３）。

5 国ごとに異なる役割分担

エンベデッドファイナンスを実現するうえで「ブランド」「イネイブラー」「ライセンスホルダー」の3つの役割が必要だと述べたが、Shopify Balanceの例のように、各役割をそれぞれ異なる企業が担うパターンもあれば、セゾンポケットの例のように1社が複数の役割を兼ねるパターンもある。

役割分担のパターンは、**国や地域によって異なる特徴**を示している（図表1-5-1）。その多様性は、各地域の市場環境、規制枠組み、そして技術的成熟度を反映しているものといえ、エンベデッドファイナンスの展開に大きな影響を与えている。

中国・東南アジア、アメリカ、日本・ヨーロッパの3つに分けてみていこう。

図表１－５－１　国ごとに異なるエンベデッドファイナンスの役割分担

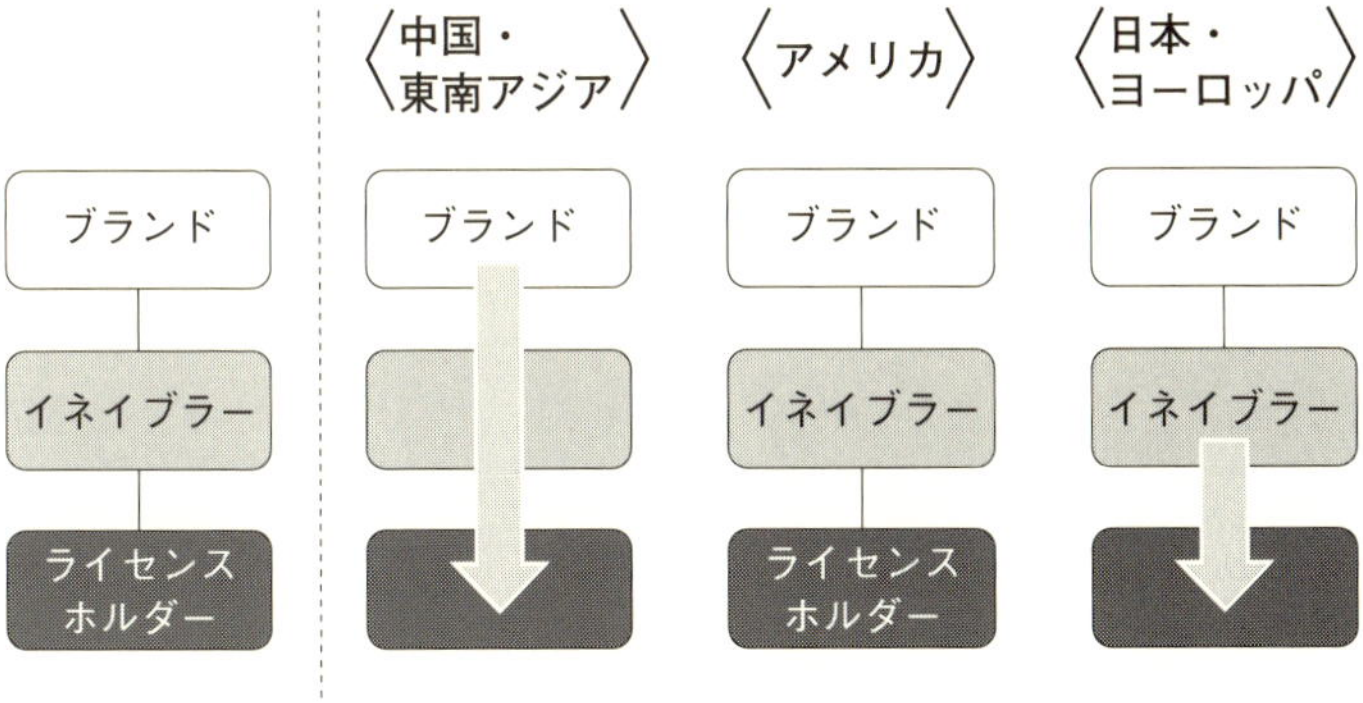

中国・東南アジア――スーパーアプリが主導

エンベデッドファイナンスの先駆けとなった中国・東南アジアでは、**スーパーアプリがエンベデッドファイナンスの主導的役割**を果たしている。スーパーアプリとは、単一のプラットフォーム上で多種多様なサービスを提供するアプリのことで、アジアではアリペイ（Alipay）、ウィーチャット（WeChat）、東南アジアではグラブ（Grab）等に代表され、圧倒的なシェアを誇る。

スーパーアプリは、当初は決済や配車サービスからスタートしたが、徐々に幅広い金融サービスをアプリ内に組み込むようになった。なかでも、多角化が最も成功したアリペイは、従来の決済ビジネスを上回る収益を、融資・投資・保険ビジネスからあげるまで金融サービスが成長した。

これらの企業は、他を寄せつけない圧倒的な規模と資本力があることから、ライセンスホルダーの買収や金融機関とのジョイントベンチャー設立、さらには自社でイネイブラー機能を構築するなど、3つの役割を自社グループ内に統合する傾向が強い。**この垂直統合型のアプローチは、迅速な意思決定とサービス展開を可能にし、市場シェアの拡大と顧客体験の向上に寄与している。**

アメリカ——明確な役割分担

一方、アメリカではより分散的な構造がみられる。GAFAをはじめとする大手テクノロジー企業、SaaS企業、大手小売業など、多様なプレイヤーがブランドの役割を争っている。**激しい競争環境下では、いかに早期に市場参入するかが重要となるため、結果としてライセンスホルダーとの連携をスピーディーに実現してくれるイネイブラーの役割が大きい。**

さらに、アメリカはライセンスホルダーとなる金融機関の数が圧倒的に多い。アメリカには約4470行もの銀行があり、国民百万人当たりで比較すると、日本の4行に対してアメリカは15行も存在している。そのため、地域銀行のなかにはリネージュ銀行（Lineage Bank）といったブランドとのパートナーシップをメインの事業とする銀行も登場し、イネイブラーと手を組んでシェア獲得に乗り出している。結果として、アメリカではブランド、イネイブラー、ライセンスホルダーがそれぞれ明確に役割分担されるケースが多い。

日本・ヨーロッパ――IT企業の存在感

日本やヨーロッパの状況は、アメリカとは異なる特徴を示している。これらの地域では、独占的なサービスが存在しない点はアメリカと類似しているため、アメリカと同様にイネイブラーの存在が重要だ。しかし、ライセンスの登録等が相対的に容易であること、ライセンスホルダーとなる金融機関の数もアメリカほど多くないこと、ライセンスホルダーとイネイブラーの間での連携だけでも非常に時間とコストがかかること等の背景から、1社がイネイブラーとライセンスホルダーの双方の機能を担う統合型モデルが主流となっている。

この統合型モデルの代表例としては、デジタルバンク事業とBaaS事業を並行して展開する住信SBIネット銀行があげられる。同行は銀行として自社サービスを保持しながら、パートナーシップを通じたBaaS事業を展開している点で特徴的である。

2024年9月時点において、同行のパートナー企業数は19社を数え、主要パートナーには

図表1－5－2　住信SBIネット銀行の提携パートナー

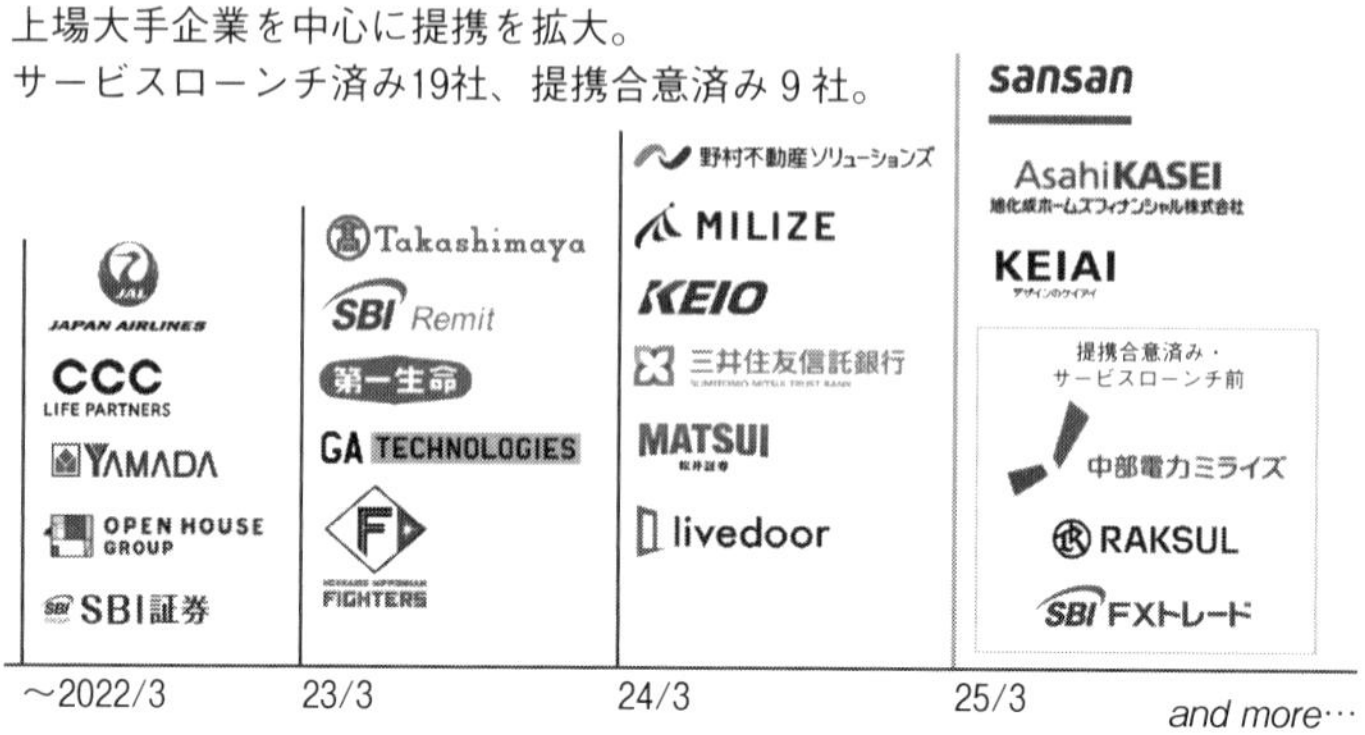

（注）　企業名は各年度サービス提供開始順。
（出所）住信SBIネット銀行「2025年３月期中間期決算説明会プレゼンテーション」より作成

図表1－5－3　住信SBIネット銀行の口座数

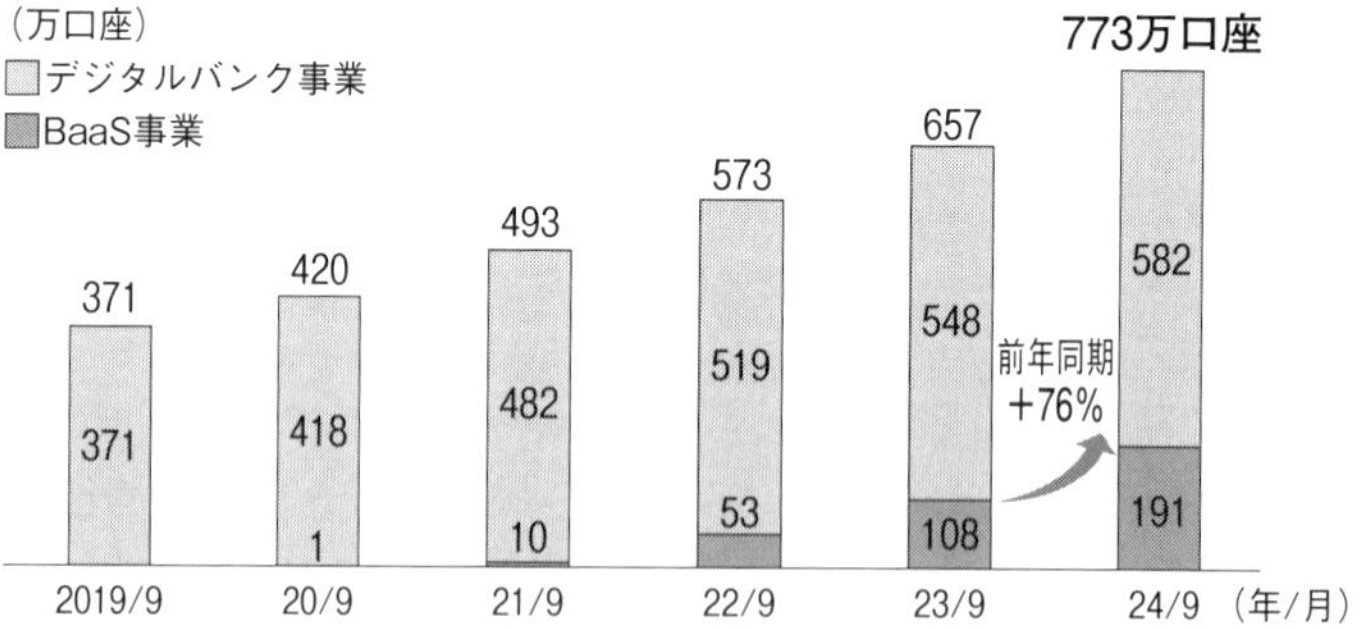

（出所）住信SBIネット銀行「2025年３月期中間期決算説明会プレゼンテーション」より作成

日本航空（会員数約3700万人）、CCC（会員数約7000万人）、ヤマダデンキ（会員数約6000万人）といった、大規模な会員基盤を有する事業会社が名を連ねている（図表1－5－2）。

これらのパートナーを通じて獲得した口座数は、2024年9月時点で前年同期比76％増の191万口座にまで拡大している（図表1－5－3）。現在、新規口座獲得数の約7割がBaaS経由となっており、BaaS事業は成長戦略における中核的位置づけを確立するに至っている。

こうした地域ごとの違いは、エンベデッドファイナンスの展開戦略に影響を与えている。中国・東南アジアでは、大規模プラットフォームとの提携や、そのエコシステムへの参入が重要となる。一方、アメリカでは、特定の業界や顧客セグメントに特化したニッチ戦略が有効である可能性が高い。日本やヨーロッパでは、技術力と規制対応能力を兼ね備えたイネイブラーの選択が成功の鍵を握るだろう。

6 金融業界の構造転換
——流通チャネル革命

地域や案件によって役割分担のパターンは多様であるが、複数の企業で異なる役割を担いつつ1つの金融サービスを提供するという本質は共通している。この新たな潮流は、**金融業界全体が垂直統合から水平統合へと移行する大きなパラダイムシフト**の一環として捉えられる。

従来の金融サービス提供モデルでは、金融機関が商品の組成から販売、管理に至るまでのすべての機能を自社グループ内に抱え込み、垂直統合的にサービスを展開してきた。しかし、エンベデッドファイナンスの進展に伴い、構造が大きく変容しつつある。金融商品の組成・管理と販売が分離され、金融機関は商品の組成・管理に特化する一方で、販売機能は顧客の日常生活により密着した非金融事業者が担うようになると予想される。

それは、単なる役割分担の変化にとどまらない。販売を担う企業は、単一の金融商品に特化するのではなく、複数の金融商品を取り扱う傾向が強まると考えられる。これにより、**金融業界は従来の垂直統合型から、より水平統合的な業界構造へと進化していくだろう。**

顧客の視点からすると、非金融事業者から金融サービスの提供を受けているようにみえるため、ただ、金融サービスの担い手が変わったように感じられるかもしれない。しかし実際には、複数の企業が有機的に連携し、それぞれの強みを活かしながら1つの統合されたサービスを提供する新たな形態へと進化しているのである。これは、金融業界における「**流通チャネルの革命**」と呼べる大きな変革である。

興味深いことに、垂直統合から水平統合への業界構造の変化は、規制当局の取組みとも軌を一にする。日本においても、「金融商品の販売等に関する法律（金融商品販売法）」が「金融サービスの提供に関する法律」に改称され、「金融サービス仲介業」が2021年11月に創設されたが（その後、同法は2024年2月に「金融サービスの提供及び利用環境の整備等に関する法律」に改称）、これはまさに構造変化を後押しするものである（図表1－6－1）。

金融サービス仲介業は、単一の登録で銀行、証券、保険、貸金のすべての分野における仲介業務を可能にするライセンス制度である。これまでは、各金融分野が独自の仲介制度をもち、業種ごとの縦割り構造が強かった。そのため、複数の金融サービスを提供したい事業者は、銀行法、保険業法、金融商品取引法などに基づき、それぞれ個別の登録や許可を取得する必要が

図表１－６－１　金融サービス仲介業

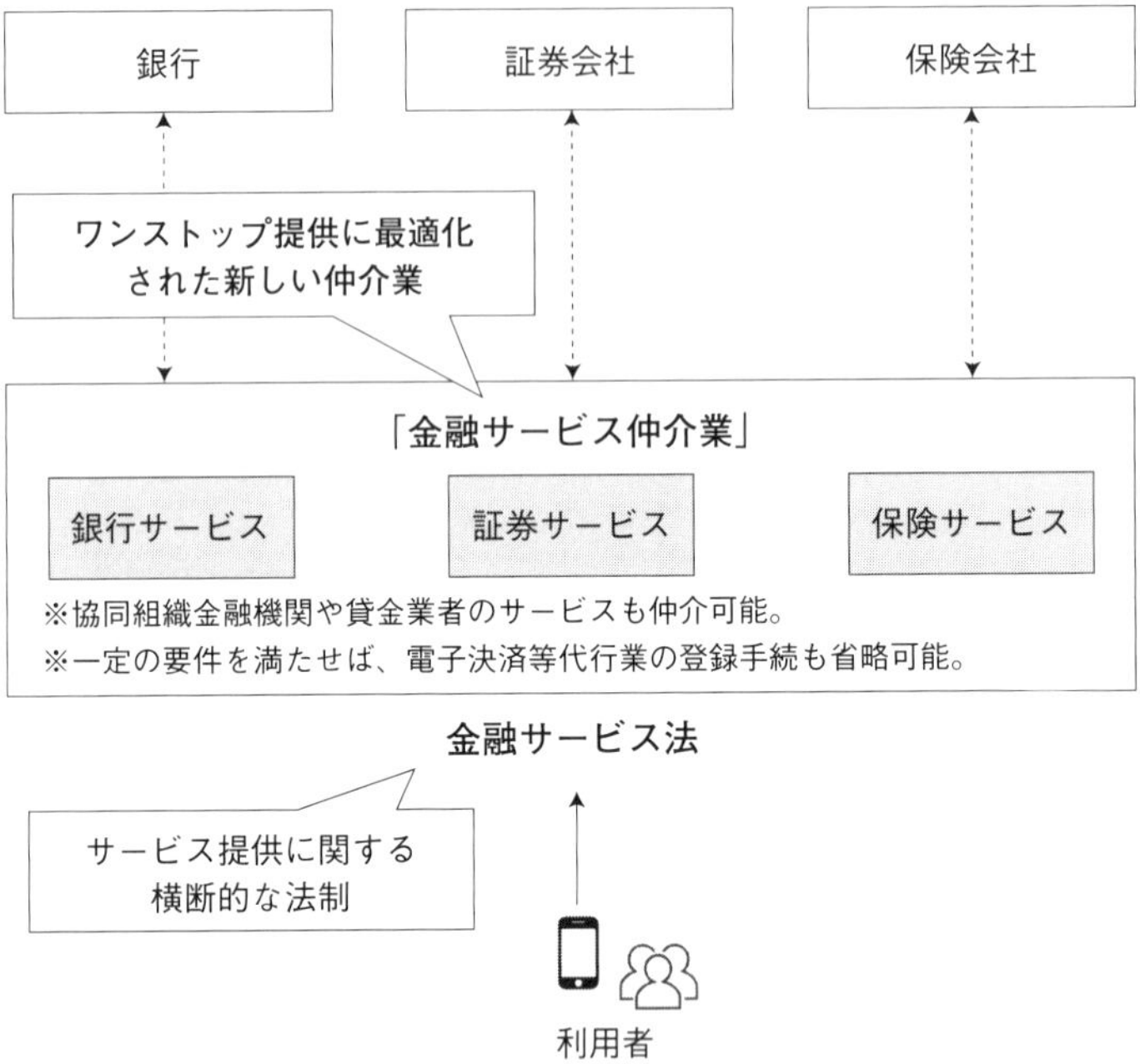

（出所）　金融庁「金融サービスの利用者の利便の向上及び保護を図るための金融商品の販売等に関する法律等の一部を改正する法律案 説明資料」より作成

あった。しかし、金融サービス仲介業の創設によって、1つの登録でこれらの仲介業務をすべて行うことが可能となり、事業者は従来の法令の縦割りを超えて、より柔軟かつ包括的に複数の金融サービスを提供できるようになった。金融業界の垂直統合から水平統合への変化はさらに加速していくだろう。

第2章

なぜいまエンベデッドファイナンスが注目されるのか

1 金融業界のデジタル化の変遷

前章では、エンベデッドファイナンスの概要や代表的な事例について説明したが、そもそもなぜ近年エンベデッドファイナンスが大きな注目を集めるようになったのだろうか。本章では、その背景を金融業界の変遷から探っていこう。

金融サービスとテクノロジーの融合による進化は、大きく3つの波として捉えることができる。第1が「**金融のオンライン化**」、第2が「**金融のモバイル化（アンバンドル化）**」、そして第3が「**金融の組込み化（エンベデッドファイナンス）**」である。

なぜいまエンベデッドファイナンスに注目が集まっているのかを理解するために、まずエンベデッドファイナンスが流行する以前の金融業界を振り返ってみよう。

第1の波　金融のオンライン化

2000年代初頭、インターネットの普及に伴い、金融業界は大きな転換期を迎えた。この時期は「金融のオンライン化」と呼ばれ、従来の対面型サービスからウェブベースのサービスへの移行が急速に進んだ。

先陣を切ったのは証券分野である。1998年5月、松井証券が「ネットストック」と称する国内初の本格的なオンライントレードサービスを開始したことは、業界に衝撃を与えた。これを契機に、業界全体のデジタル化が加速していく。1999年4月に設立されたマネックス証券が業界ではじめて完全オンラインの業態を採用し、手数料を大幅に引き下げるビジネスモデルを確立すると、それを皮切りにオンライン専業の証券会社が相次いで設立された。

銀行業界も、証券業界に続いてオンライン化の波に乗った。2000年には、さくら銀行（現・三井住友銀行）、富士通、NTTドコモなどの出資により、日本初のインターネット専業銀行であるジャパンネット銀行（現・PayPay銀行）が設立された。翌2001年には、ソニーとさくら銀行の合弁でソニー銀行が誕生した。両行の登場で、日本でも本格的なネットバンキングの時代が到来し、一般の利用者にもネット銀行が徐々に浸透していった。

証券、銀行どちらの分野においても、**実店舗をもたないことで固定費を減らし、手数料を大幅に引き下げることが可能になった**。たとえば、証券業界の平均株式売買委託手数料率の推移をみると、オンライン化の波と相まって手数料率は一気に低下しており、2003年度に0・2%であった手数料率は2010年度には0・07%にまで低下している（日本証券取引所「東証総合取引参加者決算概況」）。

第2の波　金融のモバイル化

「金融のオンライン化」に続いて訪れたのが、第2の波「金融のモバイル化」である。この変革は、**スマートフォンの普及**と密接に関連している。

2007年にアイフォーン（iPhone）が発売され2008年にアップストア（App Store）が公開されると、ウェブサービスの提供方法に変革がもたらされた。従来のウェブベースのサービスに加え、モバイルアプリという新たなプラットフォームが誕生し、金融機関もこれに迅速に対応してモバイルアプリを提供するようになっていった。

ちょうどその頃、金融業界でも転換点となる大きな事件が発生していた。2008年に発生した**世界金融危機**である。アメリカやイギリスでは、危機によって倒産しかけた大手金融機関に対して政府が税金を用いて大規模な救済を行ったことで、一般消費者から大手金融機関に対する信頼は著しく低下した。その過程で、不明瞭な手数料体系等、これまでの商慣行に対しても批判の声が上がるようになった。

金融機関への信頼をなくした消費者は、よりよい顧客体験を求めるようになった。しかし、世界金融危機以降、既存の金融機関はリスクの管理と規制遵守に注力せざるをえない状況で、新しいサービスへの取組みは大きく制限されていた。

そのような状況下で、既存の金融機関への不満を解消するべく登場したのが、アメリカのベンモ（Venmo）、イギリスのモンゾ（Monzo）、日本のワンタップバイ（One Tap BUY、現・ＰａｙＰａｙ証券）、ウェルスナビといったフィンテックスタートアップである。彼らはモバイルアプリに特化した新しいサービスを次々と生み出した。注目すべきは、**わかりやすさや使いやすさを追求するために、フィンテックスタートアップたちは機能を大胆に絞るという戦略をとった**点だ。

「金融のモバイル化」の波は、単にサービス提供のプラットフォームが変わっただけでなく、金融サービスのあり方そのものを大きく変えることとなった。**これまで金融機関が包括的に提供していたものを、個別の機能・サービスに分解する「アンバンドリング（Unbundling）」という現象を引き起こした**のだ。

バンドリングからアンバンドリングへ

アンバンドルとは、もともとバンドリング（Bundling）されていた製品やサービスが個別に分化して提供されるようになることを指す。

バンドリングとは、複数の製品やサービスを1つのパッケージにまとめて提供する戦略のことで、顧客と企業の双方に利点をもたらす。顧客は、より割安な価格で高い利便性や多様なサービスへのアクセスが可能となる。一方、企業側も顧客がまとめて購入・契約してくれることで、顧客の平均購買単価の向上やクロスセルの機会増加、顧客維持率の向上といったメリットが得られる。

日常生活のなかでも、バンドリングの例は多くみられる。飲食店のセットメニューや、家電量販店でのインターネット回線のセット割引などが代表例で、消費者にとって便利で経済的な選択肢として長年親しまれてきた。

しかし**デジタルサービスの世界では、金融だけでなく数多くの業界において、行き過ぎたバンドリングの揺り戻しとして、アンバンドリングというフェーズを迎えた**。その傾向を最も顕著に示す例として、アメリカのテレビメディア業界の変遷があげられる。

アメリカでは、日本と異なり、無料で閲覧できるテレビ番組はあまりない。そのため、1980年代にケーブルテレビが登場すると、各家庭でケーブルテレビ会社と契約しテレビ番組をみることが一般的となった。ケーブルテレビは通常、地域の放送チャンネルから映画、スポーツ、教育、音楽などの専門チャンネルまでさまざまなチャンネルをパッケージし、まとめて月100ドルほどで提供されていた。

ケーブルテレビ業界内での競争が激しくなるにつれ、サービスの価値を高めるために、提供されるチャンネル数はどんどん増えていき、数百チャンネルもの番組をみることができるようになった。しかし、視聴者が実際にみるのはせいぜい2~30チャンネルに過ぎず、逆にほとんどのチャンネルをみていないにもかかわらず、月100ドルほどという高額な料金を支払うことに対して不満が高まっていった。

こうした状況を打開したのが、ネットフリックス（Netflix）に代表されるストリーミングサービスである。ブロードバンドインターネットの普及を追い風に、エンターテインメントを消費する新しい方法として台頭すると、ストリーミングサービスはオリジナルコンテンツを目玉に、低価格で厳選されたコンテンツを提供していった。つまり、ストリーミングサービスが主流になったことで、ケーブルテレビがバンドルして提供してきたものがアンバンドリングされたのである。ネットフリックスの成功をみて、2019年にディズニー（Disney）がディズニープラス（Disney+）を、アップルがアップルTVプラス（Apple TV+）を、２０２０年にワーナーメディア（Warner Media）がHBO Max（現・Ｍａｘ）をそれぞれ開始するなど、数多くのストリーミングサービスが登場し、アンバンドリングの流れは加速していった。

テレビメディア業界と同様に、**金融業界でも、フィンテック企業の台頭とデジタル技術の普及により、金融サービスのアンバンドリングが進行した。**その背景には、初期のスマートフォンがもつ技術的制約も影響している。当時のスマートフォンは画面サイズが小さく、処理能力も限られていたことから、従来銀行や証券会社がパソコン用に提供していたサービスをすべて網羅しようとすると、逆に利便性が低下してしまうという課題が生じていた。これに対して、フィンテックスタートアップは大胆に機能を絞ることで、サービスをシンプルにして利便性の向上を実現した。さらに、世界金融危機による大手金融機関に対する不信感の高まりを受けて、ユーザーに不信感を抱かせない明瞭な価格設定をしたことで、使いやすくわかりやすい金融サービスとして人気を博し、若年層を中心に新たな顧客層を開拓していった。

たとえば、アメリカで送金決済アプリを提供する２０１３年設立のベンモは、サービス開始当初は割り勘と友人間送金という限定的な機能しかなかったが、金融サービスとしてはわかりやすく、またメッセージを送ることができるコミュニティ機能が人気を集め、特に若年層の間で大きな支持を集めた。

同じく2013年に設立されたワンタップバイは、日本初のモバイル専業の証券会社として誕生した。従来の証券会社のアプリとは異なり、売買機能のみに特化し「3タップで株式売買できる」という手軽さを特徴に、若者投資家の獲得に成功した。また、2015年に設立されたウェルスナビは、ロボアドバイザーによる自動資産運用サービスを提供している。ロボアドバイザーは、金融商品カテゴリーとしては決して新しいものではなく、証券会社が従来から提供してきた投資一任運用サービスやラップ口座と呼ばれるものである。投資一任運用のみに商品を絞ることで、資産運用がはじめての人にもわかりやすくサービスを届けることを可能にしている。

このように、**2010年代のスマートフォンの普及を背景に、金融サービスは大きな変革期を迎えることとなった。**アンバンドリングの流れは、従来の総合的な金融サービスを機能別に分解し、専門性の高いフィンテック企業の台頭を促した。これに対して、既存の大手金融機関も類似する専用サービスを提供した結果、サービスは多様化し、ユーザーはそのなかからより使いやすく自身のニーズに合致したサービスを選択できるようになり、金融サービス全体の利便性が大きく向上した。

2 差別化が困難になった金融サービス

　これまでみてきたように、金融サービス業界は、過去20年間で劇的な変革を遂げた。2000年代の「金融のオンライン化」は、運用コストの低減と大幅な手数料引き下げを実現し、2010年代の「金融のモバイル化」は、アンバンドル化を通じて複雑だった金融サービスの利便性を飛躍的に向上させた。これらの変革期において、企業は「他社よりも圧倒的に安い」「明らかに使いやすい」といった明確な差別化戦略を比較的容易に展開できた。

　しかし、この20年間の進化を経て、金融サービスの差別化は次第に困難になっていった。その要因は主に次の2つがある。

図表２－２－１　証券の平均株式売買委託手数料率（2003～2020年度）

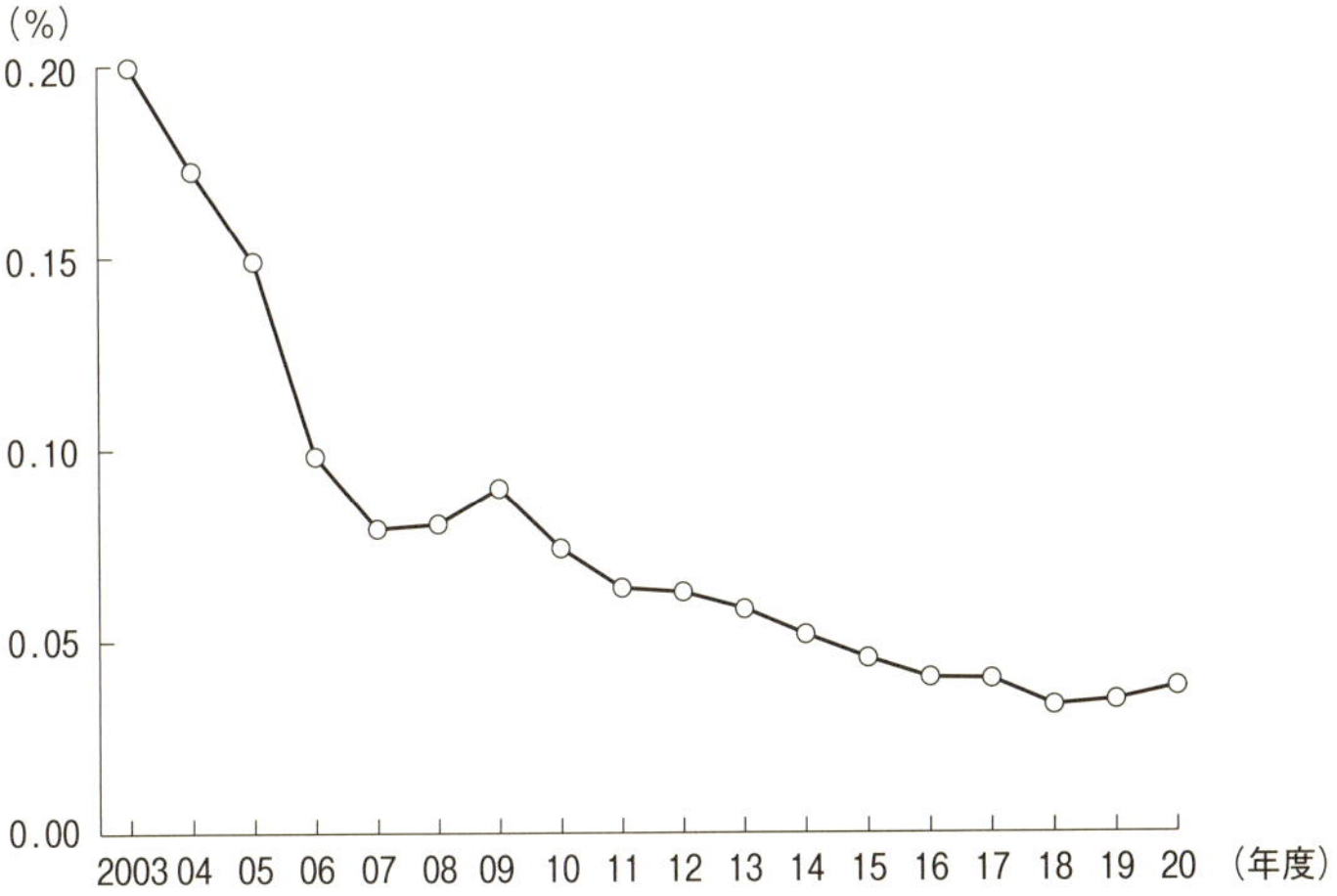

（出所）　日本証券取引所「東証総合取引参加者決算概況」より作成

(1) 手数料

１つ目の要因としては、手数料面での差別化の限界があげられる。継続的な手数料引き下げにより、インターネットやモバイルチャネルの活用を通じたさらなる大幅な手数料引き下げの余地はほぼ消失した。図表２－２－１で証券業界の平均株式売買委託手数料率の推移をみると、その傾向が顕著にあらわれている。２０１６年度まで一貫して低下基調にあった平均手数料率は、２０１７年度にはじめて反転し、それ以降の下落幅は非常に限定的になった。各社とも、これ以上引き下げることが困難な水準に近づいていたのである。

そして2023年、ついにネット証券最大手のSBI証券が日本株の売買委託手数料の完全無料化に踏み切ったのである。この動きは、証券業界において**株式の売買委託手数料の料率で競う時代が完全に終焉を迎えた**ことを象徴している。

(2) 機　能

2つ目の要因は、技術開発の進化に伴う機能面での差別化の難しさである。ウェブサービスの特性上、競合他社が新機能を発表すると、類似の機能をすぐに実装することが比較的容易だ。そのため、1社が革新的な機能を導入しても、ライバル企業が素早くキャッチアップできてしまうため、**機能によって差別化できる期間は急速に短縮されてしまった**。

「金融のオンライン化」「金融のモバイル化」とそれに伴う「アンバンドリング」を経て、金融サービスの差別化は非常に困難なものとなった。その結果、金融業界の競争は、サービスの質や独自性よりも、広告宣伝費を投じた顧客獲得合戦の様相を呈するようになっていった。

さらに、2010年代はソフトウェア開発手法全体が大きく進化した時期でもあった。特に、**アジャイル開発の台頭**は業界に大きな影響を与えた。同手法は、サービスを小規模に開始し、迅速かつ頻繁に改善を重ねていくことでユーザーのニーズに沿ったサービスをつくりあげていくというものだ。しかし、金融業界はこの変化に迅速に適応することが困難であった。金融機関は大規模な基幹システムをもっており、それに影響を与えうる改修を頻繁に行うことができないことに加え、複雑で明文化されていない社内ルールが数多く存在し、小さなことでも1つずつ関係各所に確認しながらゆっくりと進めていかなければならなかったからだ。これらの要因により、**金融機関は他の業界のウェブサービスのようにスピーディーにアプリケーションを改善することができず、業界全体の利便性が他のデジタルサービスに比べて相対的に低下する事態を招いた**。その結果、2010年代後半には顧客獲得単価が高騰し、多くの金融機関が持続可能な成長戦略の再考を迫られることとなった。

3

非金融事業者の顧客基盤を活用
――アリババの成功

金融業界が直面した顧客獲得コストの急激な上昇は、業界全体に新たな戦略の模索を促した。その課題を解決するアプローチとして浮上したのが、**既に顧客をもっているプレイヤーが金融サービス「も」提供したらよいのではないかというアイデア**であった。自社の販売チャネルの集客にコストがかかるのであれば、逆に既に顧客がいるところに金融機能を置いておくという発想だ。既存の顧客基盤を活用するため、新規顧客獲得のための多大な広告費用が不要となり、顧客獲得コストを大幅に削減できる。また、既存ビジネスを通じて保有する多様なデータ（購買履歴、行動パターンなど）を活用することで、従来の金融機関では提供困難だった新しい金融サービスの開発が可能となるのではないかと考えられた。

このアイデアが注目されるようになったのは**中国のアリババの成功**が大きい。アリババはe

コマースで集めたユーザーに対してアリペイという決済サービスを提供すると瞬く間にユーザーを集めた。さらにそこで得られたデータを活用して、信用スコアをつくってローンサービスを提供したり、これまでにない投資商品を組成して販売したりするなど、アリペイを通じて多様な金融サービスを販売することに成功した。これにより、既に大規模な顧客基盤をもつプレイヤーが金融サービス「も」提供することに非常に大きなポテンシャルがあること、また、データを活用することで差別化された新しい金融サービスを生み出せることが示された。

こうして従来の金融機関が顧客獲得に苦しむなかで、既に顧客基盤をもつ事業者が金融サービスを組み込んで提供するエンベデッドファイナンスに注目が集まるようになっていった。

興味深いのは、エンベデッドファイナンスの波が、従来の非金融事業者だけでなく、金融の「モバイル化」や「アンバンドリング」を通じて台頭したフィンテック企業にも及んでいることだ。モンゾ、ヌーバンク（Nubank）、チャイム（Chime）、ロビンフッド（Robinhood）など、特定の金融機能に特化することで低コストで顧客を獲得してきたフィンテック企業も、収益拡大と顧客基盤のさらなる強化を目指し、エンベデッドファイナンスの手法を取り入れはじめている。これらの企業は、当初提供していなかった金融機能も自社サービスに組み込むことで、総合的な金融サービスプロバイダーを目指しはじめている。このような**アンバンドリングした業界が再びバンドルされていくトレンドを「リバンドリング」と呼ぶ**。

4 アンバンドリングからリバンドリングへ

リバンドリングの台頭

前述したとおり、これまで金融サービスを提供してこなかった事業会社やフィンテック企業が、1つの金融サービスで成功を収めた後、エンベデッドファイナンスを活用して、さらに多様な金融サービスを自社のプラットフォームに組み込む傾向が顕著になってきている。

バンドリングからアンバンドリングへの変化に続き、現在はアンバンドリングから再び統合が進むリバンドリングという新たな段階に突入しているのである。この動きは、単なる回帰ではなく、テクノロジーと顧客ニーズの進化を反映した、より洗練された形でのサービス統合を意味している。

アンバンドリングの初期段階では、少数の企業が特定のニーズに特化したサービスを低コストに提供していた。しかし、先行企業の成功が明らかになるにつれ、類似のニーズを狙ったサービスが次々と登場し、市場は急速に飽和状態に陥る。その結果、アンバンドリングは個々のサービスレベルでは利便性とシンプルさを実現するものの、業界全体としては膨大な選択肢を生み出すこととなる。過剰な選択肢のなかで差別化を図るため、各社は機能拡充とマーケティングに多大な投資を強いられ、結果としてコストが急激に上昇する事態に直面する。

テレビメディア業界におけるリバンドリング

アンバンドリングによる選択肢の増大とその影響は、前述したテレビメディア業界でも顕著にあらわれている。

ネットフリックスの成功を受けて、2019〜2020年にディズニープラスやアップルTVプラス、HBO Max（現・Max）といった大手メディア企業によるストリーミングサービス参入が相次いだが、それ以降もスポーツなどの専門ストリーミングサービスが登場しており、現在アメリカでは主要なものだけでも20近くのサービスが乱立する状況となっている。

競争の激化に伴い、各社は自社オリジナルコンテンツへの大規模投資とともに、人気コンテンツの配信権獲得にも莫大な資金を投じている。たとえば、アメリカンフットボールのＮＦＬの配信権を巡っては、アマゾン（Amazon）とグーグル（Google）がそれぞれ総額１００億ドル規模の契約を結んでいる。

このような状況は、人気コンテンツの分散を招き、視聴者は複数のストリーミングサービスを契約せざるをえない事態となった。同時に、高品質なコンテンツ制作や高額な配信権維持のため、各社はサービス料金の引き上げを余儀なくされている。その結果、コスト意識の高まった視聴者の間で、一部のサービスを解約する動きが出はじめている。

こうした背景から、リバンドリングが注目を集めている。たとえば、ディズニーはアメリカでディズニープラス、Ｈｕｌｕ、Ｍａｘをまとめて契約できるバンドルプランを２０２４年から提供開始。また、コムキャスト（Comcast）は自社グループのピーコック（Peacock）に加え、ネットフリックスとアップルＴＶプラスをバンドルする新サービスを発表した。

これらのリバンドリングサービスは、選択肢の過剰によって高まったストレスを解消し、より便利で費用対効果の高いサービス体験を提供することで、消費者のニーズに応えようとしている。

フィンテック業界で起こりはじめたリバンドリング

テレビメディア業界と同様に、フィンテック業界においても、エンベデッドファイナンスによってサービスを統合的に提供するリバンドリングの傾向が顕著になってきている。

その背景には、エンベデッドファイナンスを実現するための技術を提供するイネイブラーが登場し従来よりも容易に金融サービスを組み込むことができるようになったことがあるが、加えて、フィンテック業界特有の要因も存在する。

フィンテック業界を含むテックスタートアップ業界は、2021年を頂点とする資金調達ブームを経験した後、急激な資金調達環境の冷え込みに直面し、業界の戦略的焦点が大きく変化した。

テックスタートアップの資金調達ブーム期においては、企業価値評価の主要指標として顧客数が重視され、企業は新規顧客獲得のために多大なリソースを投入していた。しかし、資金調達環境が悪化すると、収益性と持続可能な成長モデルへの要求が高まり、テックスタートアップは戦略の抜本的な見直しを迫られた。そのため、多くの企業は黒字化を目指す方向へとシフトし、**既存顧客からの収益最大化に注力**するようになった。具体的には、新規顧客の獲得から既存顧客へのクロスセリングへと重点が移行し、**顧客1人当たりの売上高（ARPU：Average Revenue Per User）**が新たな重要指標となった。その結果、リバンドリング戦略の採用が加速した。

このような背景から、フィンテック業界では多くの企業がリバンドリング戦略を推進しているが、そのなかでも先進的な取組みを行っている2社を紹介しよう。

ユーザーリテンションを高めるモンゾの戦略

イギリスのチャレンジャーバンクのモンゾは、フィンテック業界におけるアンバンドリングとリバンドリングの典型的な事例を提供している。

モンゾは2015年に、デビットカードとモバイルアプリを組み合わせた、シンプルな個人向け決済サービスから事業をスタートした。従来の複雑な金融サービスを分解し、使いやすさと低コストを実現するアンバンドリングの好例であったといえよう。

ユーザー数が増加すると、既存ユーザーへのクロスセルを行うために、モンゾはさまざまな機能を追加していった。2018年から個人向けローンや国際送金、2019年には貯蓄口座や定期預金、2021年にはMonzo Flexと呼ばれる後払い（BNPL）サービスを開始する

図表2－4－1　Monzoの有料プラン（2024年4月時点）

Extraプラン £3／月	Perksプラン £7／月	Maxプラン £17／月から（最低3カ月契約）
Free プランの内容に加えて： ・銀行やクレジットカードの連携機能 ・バーチャルカード ・高度な端数貯金機能 ・カスタムカテゴリー設定 ・自動スプレッドシート出力 ・クレジット分析機能 ・現金引出手数料£200まで無料	FreeプランとExtraプランの内容に加えて： ・年利4.60%の（変動）利息 ・現金引出手数料£600まで無料 ・現金預入手数料3回まで無料 ・投資サービス手数料割引 ・鉄道割引カード ・毎週の Greggs 特典	Free プラン、Extra プラン、Perksプランの内容に加えて： ・Zurich 提供（Qover 運営）の個人海外旅行保険 ・Assurant提供のモバイル保険 ・RAC提供のイギリス・ヨーロッパ自動車故障時支援サービス ・家族の保険追加が月£5で可能

（出所）　Monzoウェブサイトより作成

など、サービスを次々と拡張していった。

さらに、2024年には「Extra」「Perks」「Max」の3つの有料プランを導入し、クレジット分析ツール、高金利貯蓄口座、投資サービスの手数料割引、海外旅行保険、モバイル保険などを統合的に提供するリバンドリングサービスの提供を開始した（図表2－4－1）。

バンドルサービスのなかに、非常にユニークなサービスが1つある。それは、グレッグス（Greggs）という

カフェチェーンの無料券が毎週配られるというものだ。この一見不思議な特典はモンゾのユーザーデータからヒントを得ている。モンゾの決済データを分析すると、同社のユーザーはグレッグスをよく利用していることが明らかになった。毎週無料のチケットを使ってもらうことで、モンゾは日常生活になくてはならないものとなり、有料プランのリテンションを高めることを狙っている。

リバンドリングの時代においては、クロスセルによるARPUの向上と同時に、ユーザーのリテンションが非常に重要になってくる。**既存サービスのデータから得られるインサイトをもとに、「これがあるからサービスを解約しづらい」と思ってもらえる機能やサービスをバンドルしていくこと**が1つの成功パターンとなっていくだろう。

リバンドリングに成功したヌーバンク

ラテンアメリカのフィンテック企業であるヌーバンクも、リバンドリング戦略の成功例として注目されている。

ヌーバンクは2013年にブラジルで設立され、主にブラジル、メキシコ、コロンビアで事業を展開するネオバンクである。2014年にアプリ完結で年会費無料のクレジットカードを提供開始。その後、2017年に無料のデジタル当座預金口座NuContaを提供開始すると、従来の銀行が請求する高額の口座管理料等に不満を抱えていたブラジル国民から人気を博し、一気にユーザーを獲得した。

ユーザー数が増加すると、ヌーバンクは、金融サービスのリバンドリング戦略へと舵を切った。2019年に個人ローン、2020年に保険および投資、そして2022年に暗号資産サービスの提供を開始し、利便性を高めていった。この戦略が功を奏し、2020年1月に2000万人だった顧客数は、2024年5月には1億人を超えるまでに成長し、ラテンアメリカ全域で大きな存在感を示すようになった。

ヌーバンクの最大の特徴は、**ユーザーが利用する平均サービス数の多さ**にある。ユーザーは平均して4つのサービスを利用しており、サービスの利用期間が延びるほど利用サービス数は上昇していく。やみくもにサービスや機能を拡充するのではなく、使われるサービスを着実に追加してきたことで、ユーザーはバンドルされた同社の包括的な金融サービスに利便性を感じていることがうかがえる。

ヌーバンクの事例は、単にサービスを増やすだけでなく、ユーザーのニーズに合わせた適切なサービス展開とそれらのシームレスな統合の重要性を示している。

このように、エンベデッドファイナンスは、金融サービスの「オンライン化」「モバイル化」、そしてその結果生まれた「アンバンドリング化」の流れを受けて登場した新しい金融サービスの形態である。現在はまだ黎明期にあるが、金融業界のデジタル化の流れを考えると、エンベデッドファイナンスは必然的に起こるべくして起こった変化であり、今後の金融サービスのあり方を大きく変革する可能性を秘めているといえよう。

第3章

エンベデッドファイナンスを実現する仕組み

1

エンベデッドファイナンスを支える3つのテクノロジー

前章において、金融業界の変化によってエンベデッドファイナンスが脚光を浴びるに至った経緯を振り返った。しかしながら、新たな金融サービスの形態が急速に拡大している背景には、業界の変化のみならず、テクノロジーの飛躍的進歩も大きな影響を及ぼしている点を看過してはならない。

本章では、エンベデッドファイナンスを実現可能とする3つのテクノロジー、「**API**」「**モジュール化**」「**クラウドプラットフォーム**」に焦点を当て、これらの技術が従来の硬直的な金融システムの制約をいかに打破し、画期的なサービスの提供を可能にしているのかを解説したい。

旧来システムの問題点

エンベデッドファイナンスの本質は、従来金融機関内部で完結していた業務プロセスを、外部の事業者と緊密に連携しながら遂行する点にある。旧来の業務システムは、次のような観点から、複数の外部システムと連携してサービスを提供することに困難を伴っていた。

・外部システムとのデータ連携に要する開発工数が膨大であること
・高度なセキュリティレベルを維持しつつ、外部とのデータ連携を実現することが技術的に困難であること
・連携する個々のサービスに対して、その要求に応じたカスタマイズが必要となること

これらの障壁により、多大な収益が見込める場合を除いては、システム連携を前提とした提携は現実的でなかった。こうした課題を解決してエンベデッドファイナンスを実現するため、最新のシステムでは次の3つのテクノロジーが積極的に採用されている。

・ＡＰＩ
・モジュール化
・クラウドプラットフォーム

それぞれの技術の概要と、それらがいかにエンベデッドファイナンスの実現に寄与しているかを解説していこう。

ＡＰＩ――低コストでリアルタイム連携が可能に

ＡＰＩとは、異なるシステムやアプリケーション間でデータや機能を共有するための標準的なルールや手順を定めた連携の仕組みである。この技術は、システム間の相互運用性を向上させ、エンベデッドファイナンスの実現に不可欠な要素となっている。

ＡＰＩによるデータ連携を実装する際には、次の６つの重要な要素を適切に設計することで、異なるシステム間の連携を標準化し、効率的かつ安全な通信を実現している。

①通信経路：どのようなネットワークを経由してデータを送受信するか。インターネット経由、専用線、クラウドが提供する通信経路（AWS Transit GatewayやAWS PrivateLinkなど）から選択

②通信プロトコル：ネットワーク上でデータを送受信する際の規則や手順。データの形式、エラー検出と修正方法、送受信の同期方法、認証方法などを決定

③データフォーマット：送受信されるデータの構造と形式。データの種類や量、システム間の相互運用性、パフォーマンスなどを考慮して選択

④データの暗号化：どのアルゴリズムを使って暗号化するか、どの技術レイヤーで暗号化するかを決定

⑤認証方式：意図しない第三者がデータを送受信してしまわないようにするための認証方法を選択

⑥通信の方向：データ提供者からの能動的な送信（プッシュ型）か、利用者からの要求に基づく取得（プル型）を選択

ＡＰＩが普及する以前は、システム間のデータ連携にはファイル連携方式が主流であった。

この方式では、データをファイルとしてエクスポートし、ＦＴＰやＳＣＰなどのプロトコルを用いて他システムへ転送していた。大量データの定期的な共有には適していたものの、リアルタイム性の確保が難しく、さらにはセキュリティ面でも課題を抱えていた。ファイル連携方式におけるこうした課題を補完する手段として登場したのがＡＰＩである。

ＡＰＩは、次のような特徴をもつ。

- ・リアルタイムでのデータ連携
- ・通信経路や認証方式選択における高い自由度
- ・構造化されたデータ形式による安定した連携

セキュリティに関しては、ＡＰＩの活用でリスクが高まるという懸念も存在するが、認証や暗号化などの適切なセキュリティ対策を講じればむしろより高度なセキュリティの構築が可能である。

ＡＰＩの普及は、ライセンスホルダーとブランド間のデータ連携に革命をもたらした。従来は、正確かつリアルタイムなデータ連携には多大な時間とリソースが必要であり、大手同士の大規模な提携案件でなければ実現が困難であった。しかし、ＡＰＩの登場により、低コストで外部システムとのリアルタイム連携が可能となり、エンベデッドファイナンスの実現に大きく貢献したのである。

モジュール化――システム変更の影響範囲を限定

エンベデッドファイナンスを支えるテクノロジーの2つ目は、「モジュール化」だ。

大規模で複雑なアプリケーションを、機能的に独立した小規模なコンポーネントに分割する設計手法であり、エンベデッドファイナンスの柔軟性と拡張性を支える重要な技術的基盤となっている。特に注目すべきは、**マイクロサービスアーキテクチャ**と呼ばれる、疎結合（システムの構成要素同士の依存関係が高くなく、各々の独立性が高い状態）なシステム構成手法である。

マイクロサービスアーキテクチャでは、個々のビジネスロジックが、独立したサービスとして実装され、それぞれが専用のデータベースをもつ。これらのサービス間の通信はAPIを介して行われ、全体として1つの統合されたシステムとして機能する。この設計思想は、従来のモノリシックアーキテクチャとは対照的な特徴をもつ。

従来のレガシーシステムで採用されていたモノリシックアーキテクチャでは、すべてのビジネスロジックが単一の大規模なコードベースに集約されていた。システム全体が1つの巨大なアプリケーションとして動作するため、次のような課題が顕在化していた。

① 広範な影響範囲：小規模な改修であっても、システム全体に広範な影響を及ぼす可能性

② テストの複雑性：システム全体を網羅的にテストする必要があり、テストの時間とコストが肥大化

③ スケーラビリティの制限：特定の機能のみを拡張することが困難

④ 技術スタック（プログラミング言語やフレームワーク等）の制約：システム全体で単一の技術スタックを使用する必要があり、機能ごとの最適な技術選択が困難

これに対し、モジュール化されたシステム、特にマイクロサービスアーキテクチャは次のようなメリットを提供する。

① 独立性：各モジュールは独立して開発が可能であり、他のモジュールへの影響を最小限に抑えられるため、特定の機能の追加や修正が容易

② 保守性：問題発生時に特定のモジュールのみを改修することで、全体システムへの影響を抑制できる
③ テスト効率：モジュール単位でのテストが可能となり、変更を迅速に反映できる
④ 技術の多様性：各モジュールで最適な技術スタックを選択できる

実は、大規模な金融システムの改修において、多くの時間とコストがかかっているものの1つが「**影響調査**」である。これは、システム変更が他の機能に悪影響を及ぼす可能性を事前に評価するもので、レガシーシステムでは調査が広範囲におよび複雑化する傾向があった。**エンベデッドファイナンスのような、多様な外部パートナーとの連携を前提とするシステムでは、影響調査の範囲と複雑さが飛躍的に増大する。**パートナーごとの接続方式やカスタマイズ要件により、調査すべき範囲が拡大し、システム変更のたびに長期間の調査が必要となる事態が頻発してしまう。そこで、システムの設計段階から外部パートナーとの連携を考慮しておくことで、金融機能を追加したり、パートナーごとにカスタマイズをしたりするといった、複雑な開発に効率的に対応可能なシステムを実現できるようになる。

ただし、マイクロサービスに否定的な意見も一定数存在しており、サービスの分散管理や通信の複雑性、トランザクション管理の難しさなど、運用上の課題が指摘されている。また、適

図表３－１－１　「モノリシックアーキテクチャ」と
「マイクロサービスアーキテクチャ」

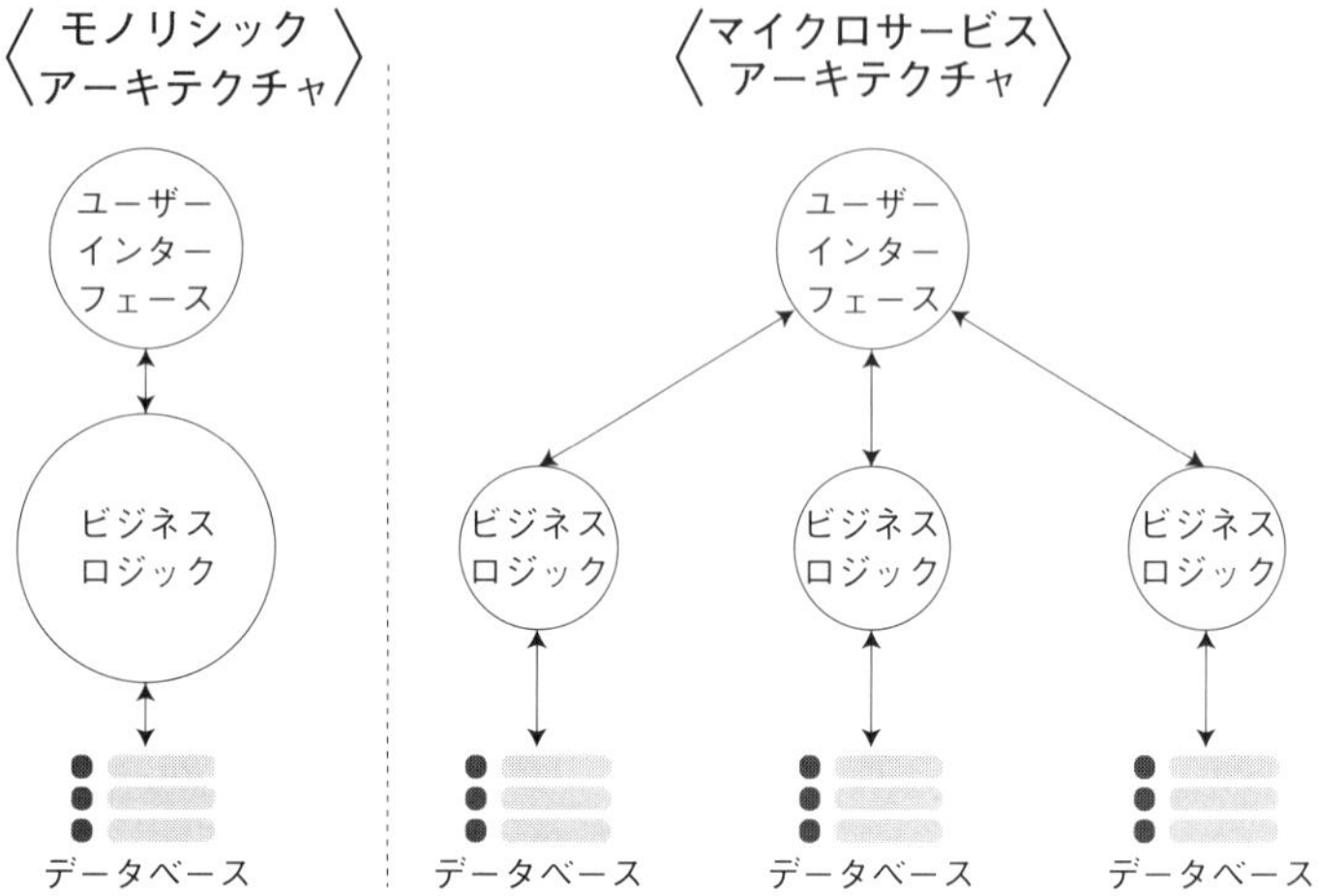

切に設計・実装されない場合、モノリシックよりも性能が低下したり、システム全体の複雑性が増大したりする可能性もある。特に、エンベデッドファイナンスにおいては柔軟性と拡張性を確保しつつ、システムの複雑性を適切に管理できるバランスのとれたアプローチが求められており、**マイクロサービスアーキテクチャの採用は、プロジェクトの規模、チームのスキルセット、ビジネス要件などに応じて慎重に判断することが重要である**（図表3－1－1）。

クラウドプラットフォーム――動的なスケーリング

エンベデッドファイナンスを支えるテクノロジーの最後の1つは、「クラウドプラットフォーム」だ。インターネットを介して計算リソース、ストレージ、データベースなどのITインフラストラクチャを提供するサービスである。ユーザーは物理的なハードウェアやサーバーを所有することなく、必要な機能を必要な分だけ利用し、使用量に応じて料金を支払うことができる。この柔軟な仕組みによって、企業は初期投資を抑えつつ、急速に変化するビジネス環境に迅速に対応できるようになる。代表的なクラウドプロバイダーとしては、Amazon Web Services（AWS）、Microsoft Azure、Google Cloudなどがあげられ、それぞれ独自の特徴と強みをもつ。

クラウドプラットフォームの特筆すべき機能の1つが、**動的なスケーリング**である。クラウドプラットフォームでは、需要の変動に応じて計算キャパシティを動的に調整することが可能で、急激な利用数の増加時にも、設定1つで簡単にキャパシティを拡張できるため、サービスの安定性と可用性が大幅に向上する。従来のオンプレミス環境では、サービス停止のリスクを回避するために、開始時点から大容量のサーバーを確保する必要があった。特に金融サービスにおいては、サービスの中断が許容されないため、過剰に余裕をもったインフラ整備が求められ、結果として初期費用や固定費の増大につながっていた。他方、クラウドプラットフォームは、サービスの成長に合わせてインフラを段階的に拡張することを可能にする。新規事業を小さくはじめて、需要の増加に応じて柔軟にスケールアップできるため、初期投資とリスクを大幅に軽減できる。

さらに、クラウドプラットフォームの登場により、インフラをコードとして管理する「Infrastructure as Code（IaC）」が可能になった。従来は手動で行っていた設定変更やリソース管理をコードで一元管理することで、インフラ管理の自動化を大幅に促進し、迅速なリリースや人的ミスの削減に大きく貢献している。

また、クラウドプロバイダーが提供するマネージドサービスは、エンベデッドファイナンスの開発と運用を大きく効率化するのに重要な役割を担っている。マネージドサービスとは、クラウドプラットフォームを活用して一般的なウェブサービスを開発・運営していくうえで必要なITサービスや機能を、クラウドプラットフォーム側が事前に用意してくれているもので、データベース管理、メッセージング、監視・ログ管理などが含まれる。

そのなかでも、特にセキュリティ関連のマネージドサービスによる恩恵は大きい。たとえば、Amazon Cognitoのような高機能な認証システムは、金融関連サービスのログイン機能に求められるさまざまな細かい要件を容易に満たすことができる。認証情報の安全な管理、脆弱なパスワード設定の予防、多要素認証、不審な認証のブロックといった複雑な要件を自前で実装する必要がないメリットは大きい。また、Amazon GuardDutyのような、機械学習技術をもとに、クラウド環境に対する操作やクラウド環境内でのネットワーク通信の内容を常時モニタリングし、不審なアクティビティを検出した場合にアラートを上げる「脅威検知サービス」も、クラウド環境のセキュリティを大幅に向上させる。こうした仕組みを自前で実装するには膨大なコストと技術力が必要となるが、サービスの利用により比較的安価に高度な脅威検知を実現できる。さらに、AWS Security Hubのような不適切な設定の自動検知サービス（CSPM：Cloud Security Posture Management）も提供されている。クラウドの設定情報を定常的にモニタリングし、セキュリティ上問題のある設定が検出された場合にアラートを発するもので、オンプレミス環境では難しかった設定の自動モニタリングとアラートの仕組みが、クラウド環境では容易に実現可能となっている。

これらマネージドサービスを活用することにより、**開発者は煩雑な基盤整備から解放され、本質的なアプリケーション開発に集中できるようになる**。また、パッチ適用やバージョンアップなどの作業をクラウドプロバイダーが自動的に行うため、運用負荷の軽減と開発効率の向上に大きく貢献する。

ここまで、エンベデッドファイナンスを実現するうえで不可欠な3つのテクノロジー、すなわちAPI、モジュール化、そしてクラウドプラットフォームについて解説した。これらの技術は、従来の金融システムが抱えていた外部連携の困難さを克服し、柔軟かつ効率的なサービス提供を可能にしている。

3つのテクノロジーの相乗効果により、エンベデッドファイナンスは従来の金融サービスの枠を超えた革新的なビジネスモデルを創出している。**各テクノロジーがもつ特性を深く理解し、適切に組み合わせることで、安全性と柔軟性を兼ね備えたエンベデッドファイナンスシステムの構築が可能となる。**

次に、これらのテクノロジーを基盤として構築されるエンベデッドファイナンスのシステムが、具体的にどのような仕組みで機能しているのかをみてみよう。

2 エンベデッドファイナンスのシステム

デビットカード発行からはじまったビジネス化

前述のとおり、従来のシステムや技術では、複数の外部システムと連携してサービスを提供するエンベデッドファイナンスの実現は困難であった。この課題を解決するため、ライセンスホルダーとブランドの間を橋渡しするイネイブラーの役割を果たすテックスタートアップが登場した。

エンベデッドファイナンスのビジネス化は、**デビットカードの発行**からはじまったとされる。その先駆けとなったのが、デビットカードの発行・決済処理システムを手掛けるアメリカのスタートアップ、マルケタである。マルケタは、複雑なカード決済処理システムを後述するAPIベースの次世代決済プロセッサとして再構築した。これにより、大企業でなくともデビットカードを容易に発行することが可能となり、さまざまなフィンテック企業や事業会社がカード事業に参入する道が開かれた。現在では証券、保険、融資の組込みサービスを提供する企業も増加しているが、アメリカのエンベデッドファイナンスの主流はいまだデビットカードである。

デビットカードビジネスの立上げにおける最初のステップは、BINスポンサーと呼ばれるライセンスホルダーを確保することだ。BIN（銀行識別番号）は、カード番号の最初の4〜6桁の数字を指し、デビットカードを発行した機関を識別し、取引をデビットカード発行者に紐づけるために使用されるもので、デビットカードビジネスにおいて不可欠な要素である。

大企業であればビザ（Visa）やマスターカード（Mastercard）等のカードネットワークと直接契約してBINを発行してもらうことも可能だが、小規模な会社の場合、既存の金融機関からBINを借用するのが一般的である。BINを貸すというところから、金融機関はBINスポンサーと呼称される。

BINスポンサーの確保後、次に必要となるのはカードネットワークやBINスポンサーと連携するためのシステムである。

デビットカードビジネスを立ち上げるには、前述したマルケタのような「APIベースのイシュイングプロセッサ」と、BaaSプラットフォーマーと呼ばれる企業が提供する「APIベースのBaaSプラットフォーム」の2つの選択肢が存在する。イシュイングプロセッサとBaaSプラットフォームは一見類似しているが、実際には異なる機能を有している。それぞれの特徴と歴史的背景を解説しよう。

APIベースのイシュイングプロセッサ
——買い物代行スタッフ向けデビットカード

イシュイングプロセッサとは、顧客へのカード発行を希望する企業向けのカード発行および決済処理システムである。

カード保有者がカードを使用して決済すると、店舗（マーチャント）は決済端末等を通じて決済情報を受け取る。その情報は、店舗側の決済システム（アクワイアリングプロセッサ）を経由してカードネットワーク（ビザ、マスターカード、ジェーシービー（JCB）等）に送信される。

イシュイングプロセッサは、カードネットワークからその決済情報を受け取ると、決済の可否を判定し、決済を実行する役割を担う。さらに、入会申込みの受付、月間利用額の請求、債権管理などの機能も提供する。

マルケタの登場以前も、カードネットワークとのゲートウェイの役割を担う決済プロセッサは存在していたが、多くはＢＩＮスポンサーである銀行が自社開発するか、トータル・システム・サービシズ（Total System Services、現・Global Payments）、ファーストデータ（First Data、現・Fiserv）、ジャックヘンリー（Jack Henry）といったＳＩｅｒがシステムを第三者提供してきた。しかし、これらのシステム導入には膨大なコストと時間を要し、かつカスタマイズ性に乏しいという課題があった。

２０１０年代前半から登場しはじめたマルケタに代表される**次世代のイシュイングプロセッサは、各機能をＡＰＩベースで提供することで、開発者の利便性を高め、低コストかつ迅速な導入を可能にした**。ウーバー、インスタカート（Instacart）、ドアダッシュ（DoorDash）といったテックスタートアップは、マルケタのＡＰＩを活用して既存のサービスにデビットカード機能を組み込んでいった。

さらにマルケタは、カードの特典プログラムや利用権限コントロールなどを柔軟かつ動的に変更できる先進的な機能を次々と開発していった。これらの機能は、従来のカード発行システムでは実現困難だった新しいビジネスモデルを可能にした。

マルケタのイシュイングプロセッサを活用した代表的な事例として、インスタカートについて詳しく説明したい。インスタカートは、顧客にかわってスーパーマーケットでの買い物を代行し、生鮮品等を自宅に届けるサービスを展開する企業である。同社は、**買い物代行スタッフ向けに特別なデビットカード**を発行。マルケタの先進的な機能を活用することで、次のとおり、従来のカードシステムでは不可能だった高度な利用管理を実現している。

- 利用可能額の動的制御：各スタッフに割り当てられた買い物の予算に応じて、カードの利用可能額をリアルタイムに設定・変更
- 利用可能店舗の利用制限：GPSデータと連動し、指定されたスーパーマーケットでのみカードが使用可能
- 時間帯別の利用制限：買い物代行の時間帯に合わせてカードの利用可能時間を設定可能
- 商品カテゴリー別の利用制限：生鮮品や日用品など、買い物リストに応じた商品カテゴリーでのみ利用可能
- リアルタイムの取引モニタリング：各取引をリアルタイムで監視し、不自然な取引パターンを即座に検知・対応

これらの機能により、インスタカートは従来のカードシステムでは不可能だった、高度に管理されたデビットカードを発行することが可能となった。買い物代行スタッフに物理的なデビットカードを渡しながらも、不正利用のリスクを最小限に抑え、効率的な業務運営を実現している。

マルケタのシステムがもたらした革新は、単にデビットカード発行の仕組みを改善しただけでなく、インスタカートのような新しいビジネスモデルの創出と成長を支援しているのである。

APIベースのBaaSプラットフォーム

APIベースの次世代イシュイングプロセッサの登場は革新的であったものの、その導入には課題が存在していた。それは、他のSaaSプロダクトと比較すると依然として高コストであり、導入期間も数カ月を要することが一般的であった点だ。なかでも、KYC、AML(Anti-Money Laundering)、詐欺防止等のコンプライアンス遵守体制を自社で構築しなければならないことが大きな課題となっていた。これらの体制を整備・運用するには、高度な外部サービスの活用や自社でのシステム開発が必要となり、専門性の高い人材の採用が不可欠であった。このような要件は、とりわけスタートアップや中小企業にとって、事業立上げ時の大きな障壁となっていた。

一方、ＢＩＮスポンサーとなる金融機関側も課題を抱えていた。中小企業からのスポンサー依頼が急増するなか、各企業に対するデューデリジェンスや導入支援に割くリソースが逼迫しはじめており、**より効率的かつスケーラブルなパートナーシップ拡大の方法**が模索されていた。

このような背景から、従来のイシュイングプロセッサを活かしつつ、より連携しやすい中間システムを提供する新たな企業が台頭してきた。従来の決済処理機能に加え、コンプライアンス遵守のためのシステムも包括的に提供することで、導入の障壁を大幅に低減させたのである。この新たなカテゴリーの先駆者となったのがシナプス（Synapse）であり、その後、トレジャリープライム（Treasury Prime）、ボンド（Bond）、ユニット（Unit）、シンクテラ（Synctera）等が相次いで市場に参入した。これらの企業は、ＢａａＳプラットフォーマーと呼ばれ、フィンテック業界に新たな潮流を生み出した。

ＢａａＳプラットフォーマーの最大の特徴は、デビットカードビジネスの運営に必要な機能を包括的に提供することにある。具体的には、ＢＩＮスポンサーである銀行の決済プロセッサとの連携、コンプライアンス要件の充足、リスク管理システムの構築など、多岐にわたるサービスをＡＰＩベースで統合的に提供している。革新的なアプローチにより、導入にかかる時間とコストが劇的に削減され、テック企業であれば最短８週間でカード発行が可能になるまでに進化を遂げた。

ＢａａＳプラットフォーマーの主なターゲット層は、革新的なネオバンクの立上げを目指すフィンテックスタートアップや、既存のＳａａＳプロダクトに金融機能を組み込むことで差別化を図りたいテック企業などがあげられる。

ＢａａＳプラットフォーマーの２つのビジネスモデル

ＢａａＳプラットフォーマーは、図表３－２－１のとおり、ビジネスモデルによって大きく２つのパターンに分類される。

１つ目のパターンは、**特定の銀行パートナーと密接なパートナーシップを構築するモデル**である。ＢａａＳプラットフォーマーがパートナー銀行と事前に口座の種類や条件について詳細な合意を形成し、ＢａａＳプラットフォーマーが銀行の代理人的な役割を担う。具体的には、新規事業者の獲得から、事業者のサービス立上げ支援、コンプライアンス遵守の徹底、そして継続的なリスク管理モニタリングまでを担う。収益モデルとしては、事業者の収益の一部をレ

図表3－2－1　BaaSプラットフォーマーのビジネスモデル比較

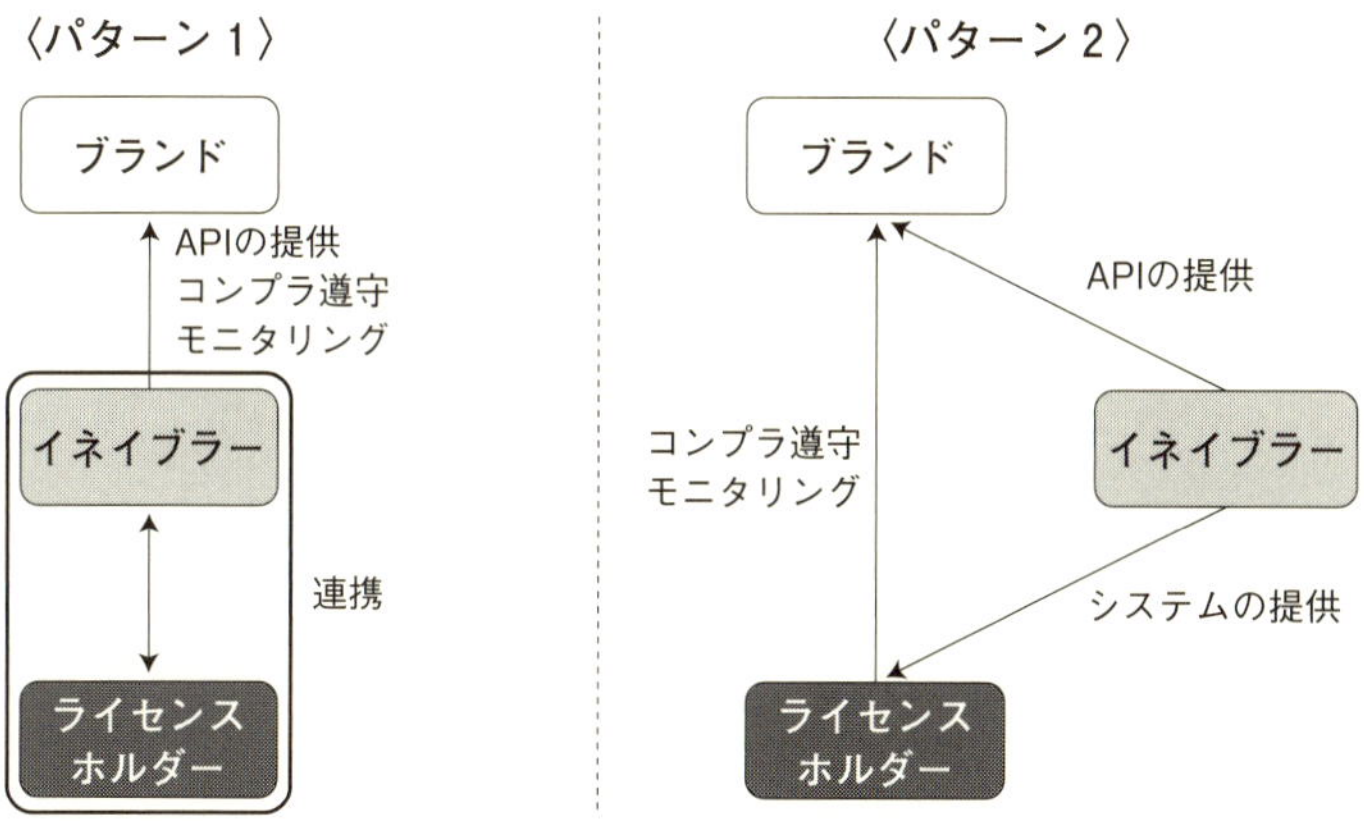

ベニューシェアとして獲得する形態が一般的だ。シナプス、ユニット、ボンド等の企業が本パターンに該当する。

2つ目のパターンは、**より中立的な立場をとるモデル**である。BaaSプラットフォーマーは特定の銀行パートナーに限定することなく、多様な銀行と事業者の架け橋となる役割を果たす。具体的には、BaaSを実現するためのシステムを銀行へ提供し、そのシステムを事業者が銀行経由で活用することで、銀行と事業者が直接契約を結ぶことを支援している。BaaSプラットフォーマーと呼ばれる企業のなかでも、トレジャリープライムやシンクテラ等が本パターンに該当する。

2つのパターンには、ガバナンスの観点から重要な違いがある。1つ目のパターンは、銀行とブランドの直接的なやり取りが限定的であるため、銀行がブランドのコンプライアンス遵守状況を効果的にモニタリングすることは難しく、ＢａａＳプラットフォーマーへの依存度が高くなるというリスクが存在する（このリスクの顕在化については第6章で後述する）。

他方、2つ目のパターンは、ＢａａＳプラットフォーマーの役割はあくまでも提携関係の構築支援にとどまるため、コンプライアンス遵守は、銀行のモニタリングのもと、ブランド自身が主体的に行う必要がある。

以上のように、ＡＰＩベースの次世代イシュイングプロセッサやＢａａＳプラットフォームの登場は、ブランド企業による金融サービスの組込みを大幅に容易にした。特にＢａａＳプラットフォームは、ＡＰＩ、モジュール化、クラウドプラットフォームといった新しいテクノロジーを活用して、必要な機能を包括的に提供することで、金融の専門知識がなくてもエンベデッドファイナンスを実現できる環境が整えられたのである。

第4章

マスサービスにおける エンベデッドファイナンス

1

アップルによる金融業参入の衝撃

前章で解説したテクノロジーの進化により、エンベデッドファイナンスが実現可能になったが、本章と次章では、このコンセプトを活用して金融サービスに参入しているプレイヤーを深掘りする。特に本章では、エンベデッドファイナンスの主流である、日常的に顧客接点をもつマスサービスを提供する大手企業が既存サービスに金融機能を組み込むパターンに焦点を当てる。

一般に、私たちが日常的に使用するウェブサービスとしては、ＳＮＳ、ゲーム、コミュニケーション、決済、モビリティなどがあげられるだろう。実際に、日本のＬＩＮＥや中国のウィーチャットなどのコミュニケーションアプリ、日本のＰａｙＰａｙやアメリカのキャッシュアップ（Cash App）などの決済サービス、アメリカのウーバーや東南アジアのグラブなどのモビリティサービスが金融機能を積極的に組み込んでいる。

本章ではスマートフォン端末／ＯＳのアップル、フリマアプリのメルカリ、モビリティサービスのＪＲ東日本、アメリカ決済サービスのキャッシュアップの４つの事例を紹介したい。これらの大企業が、既存の大規模顧客基盤をどのように活用し、金融サービスを通じて事業成長を図っているかをみていこう。

ＧＡＦＡの脅威

アップルがアメリカで２０２３年４月にはじめた預金サービスは、開始後わずか４カ月で１００億ドルもの預金額を集め、そのニュースは衝撃をもって受けとめられた。ＪＰモルガン・チェース（JPMorgan Chase）のジェイミー・ダイモンＣＥＯが“Silicon Valley is coming”（シリコンバレーがやってくる）と警戒を示したのは２０１５年のことである。それから8年の時がたち、いよいよ**ＧＡＦＡと呼ばれる巨大プラットフォーマーたちが提供する金融サービスが、既存金融機関に対し無視できない脅威となってきたのだ。**

まず、アップルが提供している金融サービスを概観し、その戦略的意図や今後想定されるシナリオについて考察していこう。

アップルの金融サービスとその戦略的意図

日本ではあまりなじみがないかもしれないが、アップルは高いブランド力とアイフォーン端末を武器に、2014年からモバイル決済サービス「アップルペイ（Apple Pay）」を提供しはじめると、2017年に個人間送金サービス「アップルキャッシュ（Apple Cash）」、2019年にクレジットカード「アップルカード（Apple Card）」、2023年からは預金サービス「セービングス（Savings）」および後払い（BNPL）サービス「アップルペイ・レイター（Apple Pay Later）」と、次々にアメリカで金融サービスを開始してきた。

(1) アップルキャッシュ

アップルキャッシュは、デビットカード機能に加えて個人間送金ができるサービスで、2017年にアップルペイの新機能として登場した。アップルキャッシュのサービスの裏には、アメリカのBaaSの先駆者であるグリーンドット（Green Dot）の存在がある。グリーンドットは1999年に設立された金融テクノロジー企業で、当初はプリペイドカードの発行から事業を開始した。その後、銀行業免許を取得し、エンベデッドファイナンスが流行する前からBaaSビジネスに注力している企業である。アップルキャッシュでは、グリーンドットがライセンスホルダーとイネイブラーの役割を果たし、銀行業務に必要な規制対応や、金融インフラの提供を担当することで、アップルがシームレスな顧客体験を設計・提供することを可能にしている。

(2) アップルカード

2019年に登場した「アップルカード」は、アップルとゴールドマン・サックス、マスターカードの提携によるクレジットカードサービスである。「銀行ではなく、アップルによってつくられたクレジットカード」というコンセプトのもと、従来の常識を覆す顧客体験を実現している。

申込みから数秒で審査結果が表示され、承認後はアップルペイ経由で即座に利用可能となり、従来のクレジットカードと比べて申込みにかかる時間が大幅に短縮されている。また利用開始時も、郵送されたクレジットカードのパッケージにアイフォーンを近づけるだけで、何も入力することもなくカードを有効化できるという斬新な方法が採用されている。

こうした革新的なユーザー体験もあり、2024年1月時点でアップルカードのユーザー数は1200万人を超えた。アメリカにおけるアイフォーンユーザーはおよそ1・25億人といわれていることを踏まえると、**アップルカードの普及率は約1割と非常に高い比率を誇る**。アップル製品を買う際にアップルカードを使うと高い還元率が適用されるため、多くのユーザーはアップル製品を買うためだけに使っているともいわれているが、アップルは、1200万ユーザーのうち30％以上が月に複数回決済をしていると公表しており、少なくとも360万ユーザーは高頻度にアップル製品の購入以外でもアップルカードを使っていると推測される。

このように、アップルカードは顧客獲得の観点では空前の成功を収めたが、火種も抱えている。ゴールドマン・サックスはエンベデッドファイナンスの潜在性に早くから着目し、Mercusというブランドで個人向け金融サービスを立ち上げ、そのプラットフォームを活用したイネイブラーとしての成長戦略を描いていた。その野心的な構想のもと、同社初の個人向けクレジットカードプロジェクトとしてアップルとの提携が実現した。しかし、その裏では、アップルの要求に対応するためにゴールドマン・サックスは多大な投資が必要となり、一説には3億ドルもの資金を投じたといわれている。結果として、ゴールドマン・サックスは同事業の継続が困難な状況に陥り、2023年末から両社の提携解消に向けた動きが取り沙汰されており、華々しく船出した協業の行く末に注目が集まっている。アップルカードを巡る状況は、パートナーシップによるサービス運営の複雑さを如実に物語っているものといえよう。

(3) セービングス

アップルカードの次に2023年に登場したのが、預金サービス「セービングス」である。こちらも、ゴールドマン・サックスがライセンスホルダーとイネイブラーの2つの重要な役割を担っている。

サービス開始時、セービングスは4・15％という高金利を提示し、大きな注目を集めた。これは当時のアメリカにおける普通預金口座の平均金利0・35％を大きく上回るものだった。しかし、実際には他のオンライン銀行も同程度の金利を提供しており、アップルの金利が突出して高いわけではなかった。

それにもかかわらず、セービングスは、サービス開始からわずか4カ月で100億ドルもの預金を集めるという快挙を成し遂げ、アップルの強力なブランド力と、同社が提供する優れたユーザー体験の魅力を示した。**既存の金融機関にはない、テクノロジー企業ならではの顧客獲得力と、サービス開発力が相まって、短期間でこれほどの資金を集めることができたといえるだろう。**

(4) アップルペイ・レイター

セービングスと同じく2023年に登場したのが、後払い（BNPL）サービス「アップルペイ・レイター」だ。同サービスは、アップルの他の金融サービスとは一線を画し、原則としてアップル単独で提供している点が特徴的である。

内製化の背景には、アップル社内で「ブレイクアウトプロジェクト」と呼ばれる取組みがある。これは、これまでの金融機関との協業では実現できなかった理想的なユーザビリティを追求するため、すべてを自社で開発・運営することを目指すプロジェクトだ。

目標達成のため、アップルは2022年4月にイギリスのフィンテック企業Credit Kudosを買収し、本サービスにおけるイネイブラーの役割を内製化した。さらに、アップルは新たに子会社を設立し、貸付および債権回収にかかる州ライセンスを取得し、ライセンスホルダーの役割も自社グループで担うことができるようになった。

これらの戦略的な動きにより、**アップルはアップルペイ・レイターを完全に自社内で運営することが可能となった**。この取組みは、アップルがフィンテック領域でより大きな自律性と制御力を得ようとする野心的な挑戦だったといえよう。

しかし、アップルは2023年3月のサービス開始からわずか1年3カ月後、アップルペイ・レイターのサービス終了を発表した。ただ、この撤退は単にBNPLサービスの不振が原因ではないと考えられる。その理由として、アップルは撤退と同時に、任意のクレジットカードでBNPLサービスとポイント払いが利用できる新機能を独自開発して発表している点があげられる。これはアップルの戦略的な方向転換を示唆している。

具体的には、特定の金融商品の提供者としてではなく、金融データのアグリゲーターとしての役割を強化する方針へと転換したと考えられる。背景としては、次の3つの要因がある。

第1は、金融機関との提携における課題である。特にアップルカードにおけるゴールドマン・サックスとの協業では双方に齟齬が生じ、特定の金融機関への依存を避けたいという判断につながったことが予想される。

第2は、オープンバンキングの潮流である。イギリスでの取組みや、アメリカでの規制導入を見据え、自社ブランドの冠のついた特定の金融商品を提供するのではなく、中立的な立場でデータ収集に特化する方がよいと考えたのだろう。その方が、オペレーションは軽くなるし、他国でも展開しやすくなる。

第3は、アップルのAI機能「Apple Intelligence」の展開である。生成AI技術を活用することで、データを活用した高度かつパーソナルなアドバイスが可能になった。収集したデータを用いて、中立的な立場で最適な金融サービスを提案していくのであれば、自社商品や密な提携関係をもたない方がよい。

こうした背景から、アップルの戦略はクローズドな金融サービス提供者から、オープンなプラットフォーム提供者へと進化しつつある。

このようにアップルは、2014年のモバイル決済サービスを皮切りに、立て続けに金融サービスを開始してきた。**世界最大手の企業ともいえるアップルがなぜここまで金融事業への参入に注力するのだろうか。**

新たな成長ドライバーの模索

アップルが金融サービスに参入する背景には、大企業として収益の多角化が求められている点がある。2015年まで右肩上がりだったアイフォーンの売上高がそれ以降低迷すると、かわってアップルの成長をけん引したのはサービス事業であった（図表4−1−1）。当時、サービス事業は、アップストア経由のアプリ内課金に対する手数料が主だったが、その手数料率は課金額の約30％と非常に高いものであった。

アップルユーザー向けに有料アプリを提供する場合は避けることができないにもかかわらず高い手数料料率が課せられることは、"Apple Tax"と呼ばれ批判を集めるようになった。

図表4－1－1　AppleにおけるiPhone売上高推移

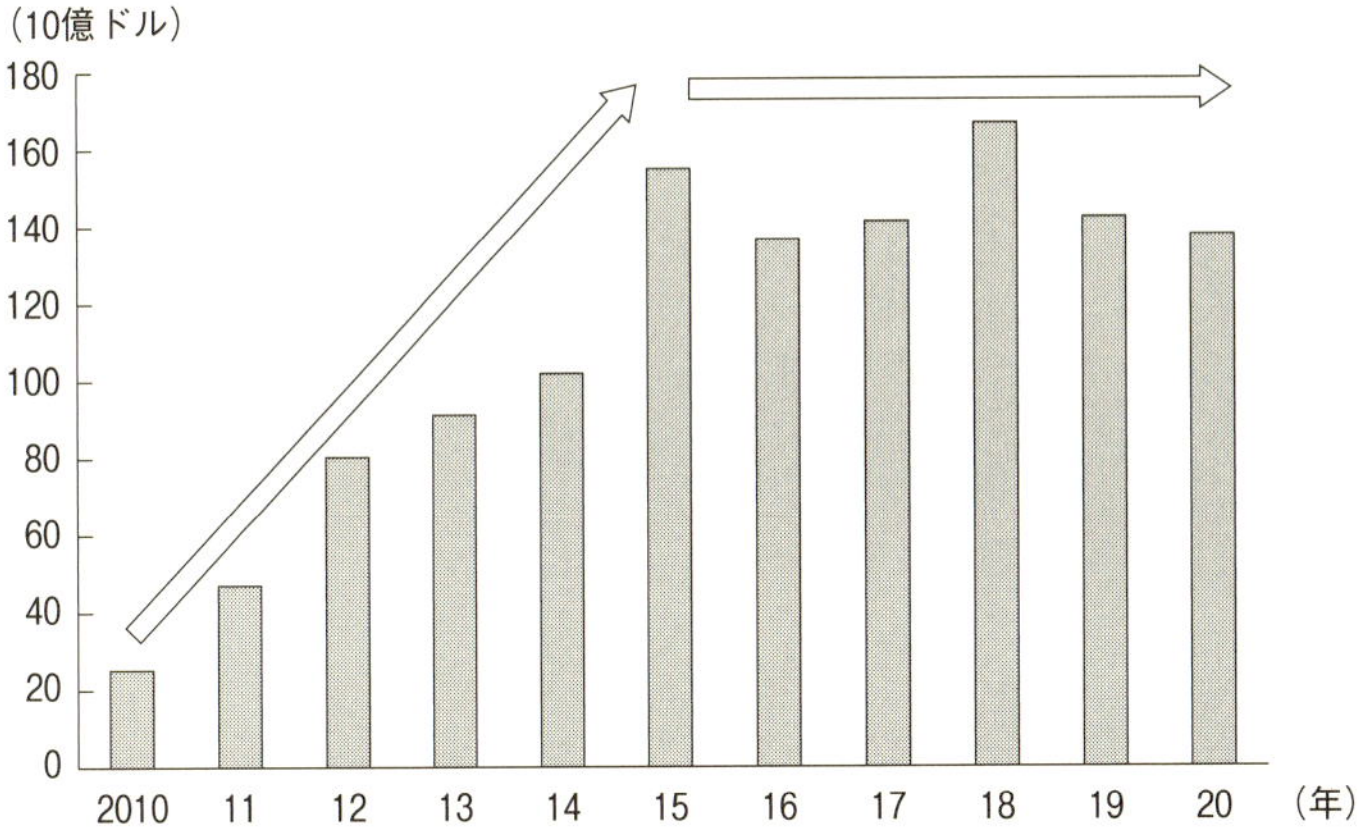

（出所）　Apple年次報告書

２０２４年にはＥＵから独占禁止法に基づく規制を受け、アップストア以外からのアプリ購入を認めるよう命じられ、アプリ内課金手数料の将来性にも不安が生じている。

このような状況下、アップルは新たな成長ドライバーを模索していた。同社の規模を鑑みると小規模市場への参入では不十分であり、十分な市場規模があり、ブランド力と顧客基盤を活用できる分野への進出が不可欠だ。そこで注目されたのが金融事業であった。

アップルは自らクレジットカードサービスを提供することで、アップルの店舗でクレジットカード決済を受け入れた際の決済手数料を自らの収益源にできる。この手数料は、本来すべてアップルが加盟店としてカード会社へ支払っていたものだ。アップルともなると、決済手数料だけでも毎年多大な支出が発生するため、自らサービス提供することで高いコスト削減効果がもたらされる。

さらに、アップルはこのカード決済手数料を原資に、アップルが発行するクレジットカードでアップル製品を購入した際のポイント還元率を高く設定できた。これにより、アップルカードユーザーはアップル製品を割安な価格で購入できるようになった。

このように、**アップルの金融サービス進出は、単なる新規事業の展開にとどまらず、既存事業の強化や、革新的製品の市場浸透を支援する戦略的な取組みとして位置づけられている。**さらに、直近のアップルの動向からは長期的な狙いがうかがわれる。

サードパーティクッキー規制の強化

アップルの長期的な金融ビジネス戦略を考察する際には、デジタル広告業界が大きな転換期を迎えていることを理解するのが重要である。その中心にあるのが、**サードパーティクッキー規制の強化**だ。

サードパーティクッキーとは、ユーザーが訪問したウェブサイトとは異なるドメインから発行されるクッキーのことを指す。これまで広告主や分析会社は、クッキーを活用してユーザーのウェブ上の行動を追跡し、精緻なターゲティング広告を展開してきた。

しかし、プライバシー保護意識の高まりと、EUの一般データ保護規則（GDPR：General Data Protection Regulation）やアメリカのカリフォルニア州消費者プライバシー法（CCPA：California Consumer Privacy Act）などの法規制強化により、サードパーティクッキーの使用に対する規制が急速に強化されつつある。ユーザーの個人情報や閲覧履歴が広告主や分析会社に無制限に収集・共有されることへの懸念が、規制強化の主な推進力となっている。

プライバシー保護意識が高まるなかで、アップルはそれを支援する立場をとっている。従来から広告事業への依存度が低く、ビジネス上の影響が比較的小さかったこともあり、アップルはサードパーティクッキーの廃止にいち早く着手した。その動きは、デジタル広告業界に大きな波紋を投げかけると同時に、アップル自身の戦略的ポジショニングを強化することにもつながっている。

さらにポジションを強化するべく、アップルが近年注力しているのが、**金融データを統合し、一元管理できるアップルウォレットの機能拡張**である。アップルウォレットは、クレジットカード、デビットカード、交通系ICカード、チケット、クーポンなどを一元管理できるツールとして知られているが、その機能は着実に拡大している。

特筆すべきは、アメリカで導入されたIDs in Wallet機能だ。ユーザーは運転免許証や州のＩＤをデジタル化してアイフォーン内に保存することが可能となり、２０２３年には、いくつかの州で、アップルウォレット内のデジタル運転免許証や州ＩＤが公式な身分証明書として認められるようになった。日本においても、２０２４年5月、アップルウォレットにマイナンバーカードを登録し身分証明書として使うことができる機能を２０２５年春から展開することを発表している。これらは単なる利便性の向上にとどまらず、**アップルが豊富な個人情報を保有できる、デジタルアイデンティティの中核プラットフォームとしての地位を確立しつつあることを示している**といえよう。

サードパーティクッキーの規制強化により、第三者のデータに依存していた従来の広告の効果が低下する一方で、自社で多くのデータを保有するプレイヤーが優位に立つ状況が生み出されている。アップルは、金融サービスの提供を通じて、ＫＹＣプロセスにより正確な個人情報を一度取得すると、身分証明書機能を通じてアップルウォレットにデータを格納することで、強力な情報基盤を構築しつつある。

正確かつ最新の個人情報は、広告ビジネスにおいて極めて高い価値をもつ。実際、アップルの広告事業は現在約50億ドル規模だが、２０２６年までに３００億ドル規模にまで成長すると予測されており、アップルが保有する豊富な自社データを活用した新たな広告モデルの可能性を示している。

こうした金融データを活用した広告ビジネスへの参入は、既に現実のものとなりつつある。たとえばJPモルガン・チェースは、2024年4月、デジタルメディアプラットフォームのChase Media Solutionsを立ち上げた。銀行が保有する詳細な取引データをもとに、ユーザーの購買習慣に応じたパーソナライズされたオファーや割引の提案が可能であり、単なる決済機能を超えて、ユーザーにユニークな購買体験を提供できる点が革新的といえる。同サービスを通じてのみ受けられる特別な割引やオファーは、ユーザーのロイヤリティを高め、サービスの差別化につなげることができる。

デジタルエコシステムで主導権を握る

このようにみていくと、アップルの長期的な戦略は、単なる金融サービスの提供にとどまらず、次の要素を巧みに組み合わせ、デジタルアイデンティティと個人情報の管理を通じて、広告ビジネスを含む幅広いデジタルエコシステムでの主導権を確立することが、真の狙いだと考えられる。

・プライバシー保護の強化：サードパーティクッキーの制限を通じて、ユーザーのプライバシー保護を訴求
・デジタルアイデンティティの統合：アップルウォレットを通じて、個人の重要な識別情報や金融情報を一元管理
・自社データの価値最大化：取得した高品質な個人情報を新たな広告モデルに活用
・ユーザー体験の向上：金融サービスと広告を融合させることで、よりパーソナライズ化された魅力的なサービスを提供

この多面的なアプローチにより、アップルは新たな収益源を開拓しつつ、デジタルエコシステムにおける自社の位置づけを一層強化しようとしている。プライバシー保護を重視する姿勢を保ちながら、同時に強力な広告プラットフォームを構築するという、一見相反する目標を両立させようとするアップルの戦略は、デジタル時代における企業戦略の新たなモデルを示唆しているといえよう。

2 データ活用で新たな金融サービスを切り拓くメルカリ

日本でも近年、マスサービスを提供する企業による金融事業への参入が加速している。そのなかでも特筆すべき存在が、国内最大級のフリマアプリを運営するメルカリである。2019年にスマートフォン決済サービスの「メルペイ」を導入したのを皮切りに、メルカリは金融サービスの領域で急速な拡大を遂げている。

フリマアプリでの接点を活かした多様な金融サービス

メルカリの金融サービス展開は、決済、信用、投資の3つの柱を中心に構成されている。最初に登場したのが、スマートフォン決済サービスの「メルペイ」である。iD決済やコード決済、銀行口座からのチャージ機能に加え、メルカリでの売上金をリアル店舗やECサイトでの決済に直接利用できる独自機能をもつ。サービス開始からわずか4年で約1600万ユーザーを獲得し、日本のモバイル決済市場における主要プレイヤーの一角を占めるに至っている。

信用分野では、3つの主要製品を展開している。1つ目の「メルペイスマート払い」は、2020年に開始した後払いサービスであり、メルカリでの利用実績等に基づく独自の与信審査モデルを採用している。

2つ目の「メルペイスマートマネー」は2021年開始で、メルカリアプリ内で申込み可能な少額融資サービスである。メルペイが取得した貸金業ライセンスを活用し、最大50万円までの融資をしている。

3つ目は、ジェーシービーと提携して2022年に提供を開始した「メルカード」である。アプリ完結型のクレジットカードであり、最短1分での申込み完了を実現する優れたユーザビリティと、メルカリでの利用実績等に基づく独自の与信審査・限度額設定が特徴である。

投資分野では、「メルカリ サステナビリティファンド」と「メルコイン」の2つの取組みを実施。前者はメルペイの残高を用いてメルカリに間接的に貸付し資産運用ができるもので、貸付投資サービスFundsで購入が可能である。過去3回の募集はすべて1分以内に募集金額達成となっており、高い人気を博している。後者は、メルカリアプリ内でのビットコイン売買サービスであり、2024年5月には暗号資産口座数が220万を突破。特筆すべきは、ユーザーの約8割が暗号資産未経験者であることで、従来の暗号資産プレイヤーがリーチできなかった層へのサービス提供に成功。直近1年間（2023年4月1日～2024年3月31日）の新規暗号資産口座開設数は約191万口座で業界全体（約310万口座）の61・5％を占めるほどだ。

メルカリが提供する金融サービスはいずれも非常に高い成長を実現しているが、その背景には**フリマアプリとしての日常的な利用による高頻度のユーザー接点、シンプルで直感的なアプリ内操作によるユーザビリティの高さ、取引履歴や評価などの豊富なユーザーデータの活用**がある。そのなかでも、データの活用は、メルカリの金融サービスをユニークなものにする非常に重要な要素となっている。

取引履歴に基づく独自の与信モデル

メルカリの金融サービスのなかでも、特にデータ活用が顕著なのが信用分野のサービスである。信用サービスの利用限度額等を決定する与信モデルにおいて、単なる属性情報だけでなく、これまであまり活用されてこなかった行動実績に注目しているのが特徴的で、**フリマアプリでの取引実績や行動パターンを分析し、「約束を守る」能力を評価している。**具体的には、取引の完遂率、評価の一貫性、コミュニケーションの質などを考慮に入れ、日々の取引データを即時に反映する動的な信用スコアリングを行っており、従来の金融指標では捉えきれなかった「信用」の多面的評価が可能となっている。

このユニークな与信モデルにより、メルカリは従来の信用スコアでは十分に評価されてこなかったユーザー層にもサービスを提供することが可能となっている。結果として、メルカードは2022年12月の申込み開始からわずか1年4カ月で300万枚（2024年3月時点）という驚異的な発行枚数を達成した。日本クレジット協会の調査によると、2023年の1年間でクレジットカードの純増契約数は791万であった。期間の違いはあるものの、メルカードは新規発行市場のかなりのシェアを占めたと推測され、メルカリのデータを活用した新たなアプローチは従来の金融サービスモデルに革新をもたらしているといえよう。

また、メルカード保有者のメルカリ内でのARPUは非保有者と比較して50%向上している（メルカード開始以降における全期間加入者を対象とした2024年6月期第3四半期平均の値）。このことはメルカードがグループ内のシナジー効果を生み出す重要な役割を果たしていることを示している。

成長エンジンとなったフィンテック事業

サービス拡充の結果、フィンテック事業はメルカリの新たな収益の柱として確立されつつある。特に、信用分野において「メルペイスマート払い」や「メルペイスマートマネー」の利用が増加したことで、債権残高は2024年6月末時点で1872億円（前年同期比694億円増）にまで急速に伸びている（図表4－2－1）。

2024年6月期の決算では、メルカリのグループ全体の売上収益は前年同期比＋9％の1874億円にとどまるなか、フィンテック事業は前年同期比＋51％の308億円の売上収益を計上した。増収額でみると、グループ全体で155億円の増収に対して、フィンテック事業単体で104億円の増収を実現しており、メルカリの成長をけん引していることがうかがえる。利益面でも、IFRSベースのコア営業利益は2期連続で黒字化を実現した。この実績をもとに、2025年6月期にはフィンテック事業で30億円以上のコア営業利益を目指すとしている。

このように、メルカリのフィンテック事業は、グループのエコシステムを強化しながら、独自の成長軌道を描いている。特に、決済・与信・資産運用の各領域で、テクノロジーとデータ

図表4－2－1　メルカリにおけるFintech債権残高

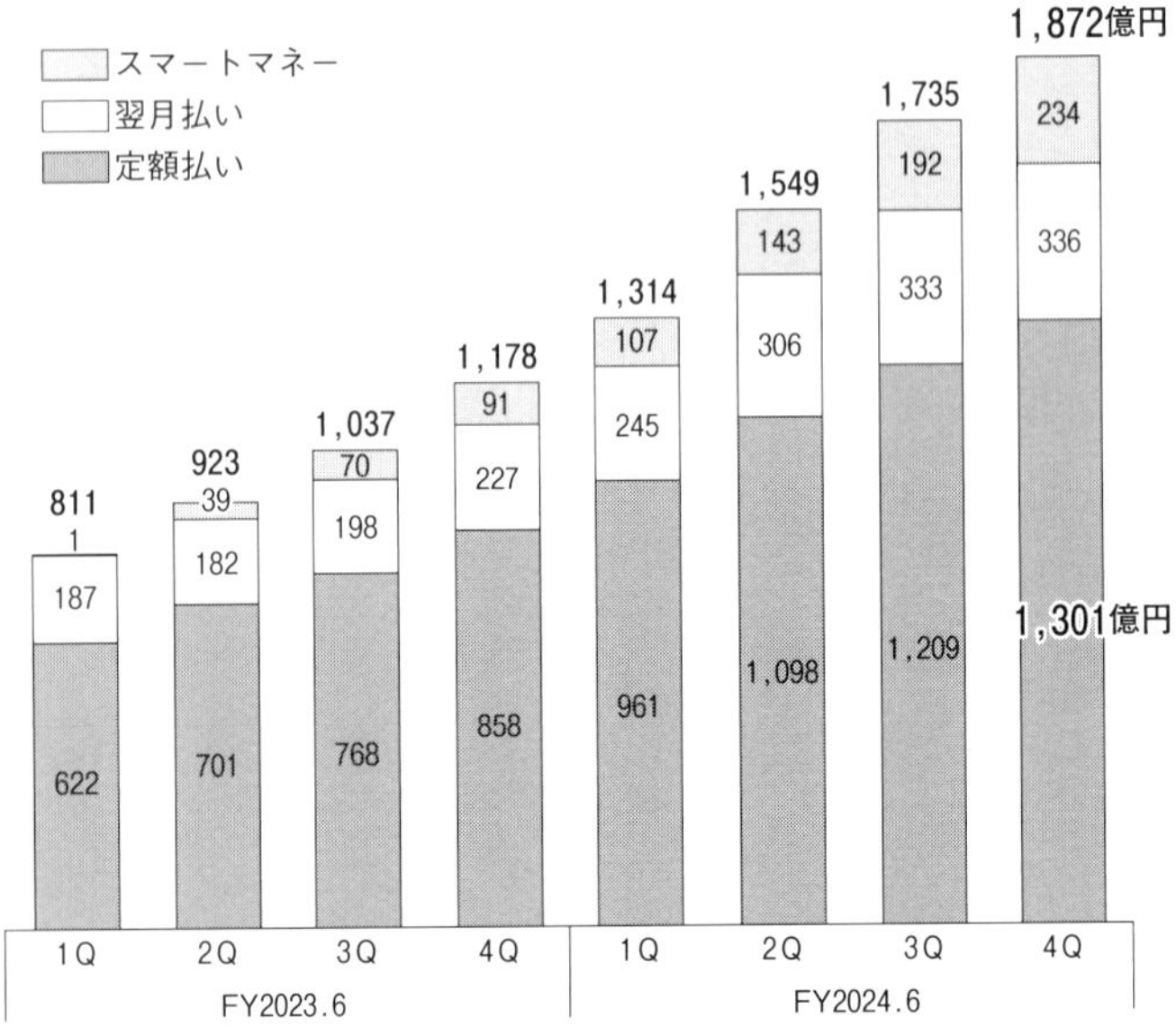

（注）四半期末時点における「メルペイスマート払い（翌月払い・定額払い）」と「メルペイスマートマネー」の債権残高（破産更生債権等を除く）
（出所）メルカリ「2024年6月期決算説明資料」より作成

を活用した革新的なサービス展開により、従来の金融機関とは異なる価値提供を実現し、短期間でグループの成長を支える存在にまで成長している。

3

ＪＲ東日本が銀行サービスに参入した理由

２０２４年5月、ＪＲ東日本（東日本旅客鉄道）は新たなネット銀行サービスＪＲＥバンク（JRE Bank）を開始した。楽天銀行をライセンスホルダーとして活用し、一般的なネット銀行サービスの機能（預金、入出金、振込、住宅ローン等）に加え、ＪＲ東日本ならではの独自の特典プログラムを組み込むことで、顧客のロイヤリティを高める戦略を展開。単なる銀行サービスの提供を超え、ＪＲ東日本の本業である鉄道事業とシームレスに統合された顧客体験を創出している。

ＪＲＥバンクの最大の特徴は、その魅力的な利用特典にある。一定の条件を満たせば、新幹線を含む片道運賃が40％割引になるほか、普通列車グリーン券が提供されるなど、**ＪＲ東日本の本業である鉄道事業のアセットを活用した、他社では実現不可能な独自のロイヤリティプロ**

グラムとなっている。

画期的なサービス設計は、開業当初から多くの顧客の関心を集め、開始4カ月で申込みは約39万件にものぼった。その結果、一時的に申込みの受付を停止せざるをえないほどの状況に至ったことは、金融サービスでは極めて稀な事例である。JR東日本が非金融の本業で培ったアセットを巧みに活用し、明確な差別化を実現したことの証左といえるだろう。

JREバンクの戦略的意義は、単に魅力的な特典を提供することにとどまらない。銀行サービスを提供することで、JR東日本は顧客の「資産」に関連する貴重な情報を収集する機会を得ている。割引特典を最大限に活用するためには、クレジットカードの利用や給与振込口座指定が必要となる設計にしており、JR東日本は顧客の決済データ（消費パターン）や収入情報といった、より詳細な個人財務データにアクセスすることが可能となる。これらの情報は、鉄道会社であるJR東日本にとって極めて価値が高い。ICカード乗車券のSuicaなどから得られる移動情報と組み合わせることで、より精緻な商圏分析や顧客セグメンテーションが可能となり、自社の不動産事業や商業施設のマーケティングにおいて、ピンポイントでのプロモーション展開などが実現可能となる。

さらに、この戦略は**本業である鉄道事業にも好循環をもたらす可能性**がある。魅力的な割引特典により、顧客は通常であれば選択しないような長距離の新幹線利用を検討するようになるかもしれない。たとえば、東京～新青森間の通常1万7000円程度のチケットが約1万円で購入できるという大幅な割引は、新たな旅行需要を喚起し、鉄道利用の頻度や距離の増加につながる可能性がある。

JR東日本の事例は、国内外のマスサービス企業による金融サービス参入の加速を象徴している。アップルのように金融サービスを新たな成長の柱とすることを目指す企業もあれば、JR東日本のように、金融サービスを通じて得られるデータを本業の強化に活用しようとする企業もある。いずれの場合も、金融サービスの組込みは顧客との接点を増やし、より深い関係性を構築する手段となっているといえるだろう。

4 キャッシュアップのクロスセル戦略

本章の最後の事例として取り上げるキャッシュアップは、ブロック（Block、旧・Square）が提供する個人間送金・決済サービスとして、アメリカの金融市場に革新的な影響を与えている存在である。単純な個人間送金機能から出発したが、現在では多岐にわたる金融サービスを統合的に提供する総合プラットフォームへと進化を遂げた。

キャッシュアップの成功は、直感的なユーザーインターフェースと多機能性に裏打ちされている。特に若年層やデジタルネイティブ世代から絶大な支持を集め、月間アクティブユーザー数は5600万名を超える規模にまで成長した。この急速な成長の背後には、綿密に計画されたクロスセル戦略がある。

キャッシュアップは、ユーザーに多様な金融サービスを提供することで、アプリ内でのアクティビティを活性化し、総合的に売上高を向上させる戦略をとっており、次のような幅広い金融サービスを単一プラットフォーム内で展開している。

・キャッシュアップカード（デビットカード）
・キャッシュアップペイ（モバイル決済）
・キャッシュアップボロー（小口ローン）
・株式取引
・ビットコイン取引
・税金計算

これらのサービスを効果的に提供するため、キャッシュアップは戦略的なパートナーシップを積極的に活用している。たとえば、キャッシュアップカードは、マルケタのシステムを活用し、Sutton Bankとの提携により発行。株式取引サービスは、アメリカの証券ブローカー兼イネイブラーであるDriveWealthを通じて提供している。専門性の高い分野では、外部のエキスパートと連携することにより、迅速かつ効率的にサービスの拡充を図っているといえる。

キャッシュアップのビジネスモデルにおいて特筆すべきは、その収益構造の分析手法であ

図表4－4－1　Cash Appにおける収益構造分析手法

粗利益＝ アクティブユーザー数 × 1人当たりインフロー × 収益転換率

アクティブユーザー数		入金額／アクティブユーザー数		粗利益／入金額

る。粗利益を「アクティブユーザー数」×「1人当たりインフロー」×「収益転換率」という3つの要素に分解し、そのなかで「1人当たりインフロー」をKPI（重要業績評価指標）として重視している（図表4－4－1）。ここでいう「インフロー」とは、ユーザーがキャッシュアップアカウントに入金する総額を指す。

キャッシュアップは、インフローの増加が金融サービスの利用頻度向上につながり、結果として売上高の増加をもたらすという明確な因果関係を認識している。そこで、**多様な金融サービスの提供によるユーザーエンゲージメントの向上と、それに伴うインフローの増加**を成長戦略の中核に据えている。

実際、個人間送金機能のみを利用するユーザーの平均インフローを基準（1倍）としたとき、他の金融サービスも併用するユーザーの平均インフローは顕著に増加することが確認されている（図表4－4－2）。たとえば、個人間送金機能に加えてビットコイン取引機能を利用するユーザーのインフローは、個人間送金機能のみのユーザーの約3・8倍に達する。相乗効果はキャッシュアップの持続的な成長を支える重要な

図表4－4－2　Cash Appにおける
サービスごとの資金流入の乗数効果

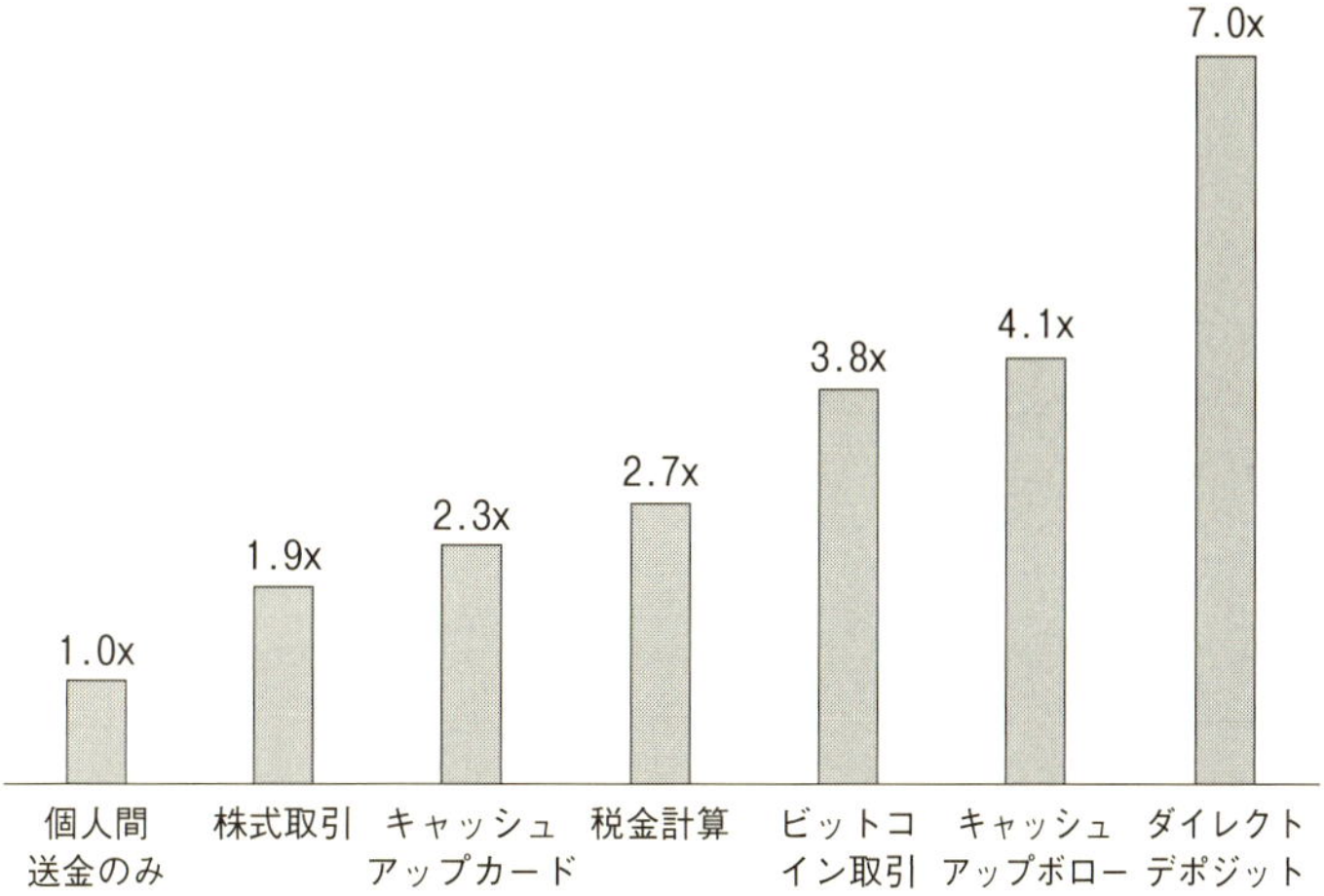

（出所）Block投資家プレゼンテーション（2024Q2）より作成

要因となっており、クロスセル戦略の有効性を如実に示している。

キャッシュアップのアプローチは、単に多様なサービスを提供するだけでなく、それらのサービス間の相互作用を通じてユーザーの金融行動全体を活性化させる点で革新的である。ユーザーに便利で統合された金融体験を提供し、企業にとっては効果的な収益化モデルを実現するという、ウィン・ウィンの関係を構築している。

本章で紹介した4つの事例は、今後の金融業界の方向性を示唆している。金融サービスの提供主体が、従来の金融機関からマスサービス企業へと多様化していくなか、プラットフォーム型のアプローチや金融サービスを通じて得られるデータの活用が重要な要素となっていくだろう。

金融サービスは、もはや独立したビジネスではなく、さまざまな業界のサービスと融合し、顧客体験を豊かにする統合的なエコシステムの一部となりつつある。このことは、金融業界に大きな変革をもたらすと同時に、顧客にとってはより便利で魅力的なサービスの誕生につながる可能性を秘めている。一方、マスサービスを提供する大企業として、個人データの利活用に関する慎重な配慮や、規制当局との適切な関係構築など、克服すべき課題も存在する。企業は、イノベーションを推進しつつ、社会的責任を果たすバランスのとれたアプローチを模索していく必要があるだろう。

第5章

非金融事業者による組込みの3つの類型

1 収益源の取込みによるマネタイズモデルの転換

前章では、大規模な顧客基盤をもつマスサービスの提供者による金融機能の組込み事例を紹介したが、本章では、特定の業界や顧客層向けのサービスを提供する事業者が、ピンポイントにニッチなニーズを満たす金融機能を組み込む事例に焦点を当てていこう。

これらの事例は多岐にわたるが、次の3つの類型に大きく分類できる。

① 収益源の取込みによるマネタイズモデルの転換
② 非金融事業者だからこそ実現できる新しい金融サービスの提供
③ 金融サービスを活用した顧客体験の向上

順にみていこう。

オンラインビジネスに不可欠なクレジットカード決済

第1の類型は、非金融事業者が本業サービス提供時に既に発生している金融サービスを自社に取り込む戦略だ（図表5－1－1）。典型例は、オンラインビジネスに不可欠なクレジットカード決済である。従来、決済機能は第三者から提供を受けることが多かったが、決済機能も自社サービスに組み込んで提供すれば、自社の収益源にできる。

ユーザーからすればいずれにせよ払わなくてはならない手数料であり、追加の費用負担はない。一方、事業者は新たな収益源を獲得できる。本質的な提供価値はソフトウェア機能だが、**マネタイズポイントを決済手数料に設定すれば、本業サービスの料金を大幅に引き下げることも可能となる**。

本類型は、無料のウェブサービスを運営しながら、そのウェブサイト上に広告を表示することによる広告収入で利益を得るマネタイズモデルと類似している。「ウェブコンテンツ×広告」というモデルがB2Cウェブ業界を席巻したように、B to Bソフトウェア業界の新しいマネタイズモデルも急速に拡大すると予想される（図表5－1－2）。

図表５－１－１　収益源の取込み

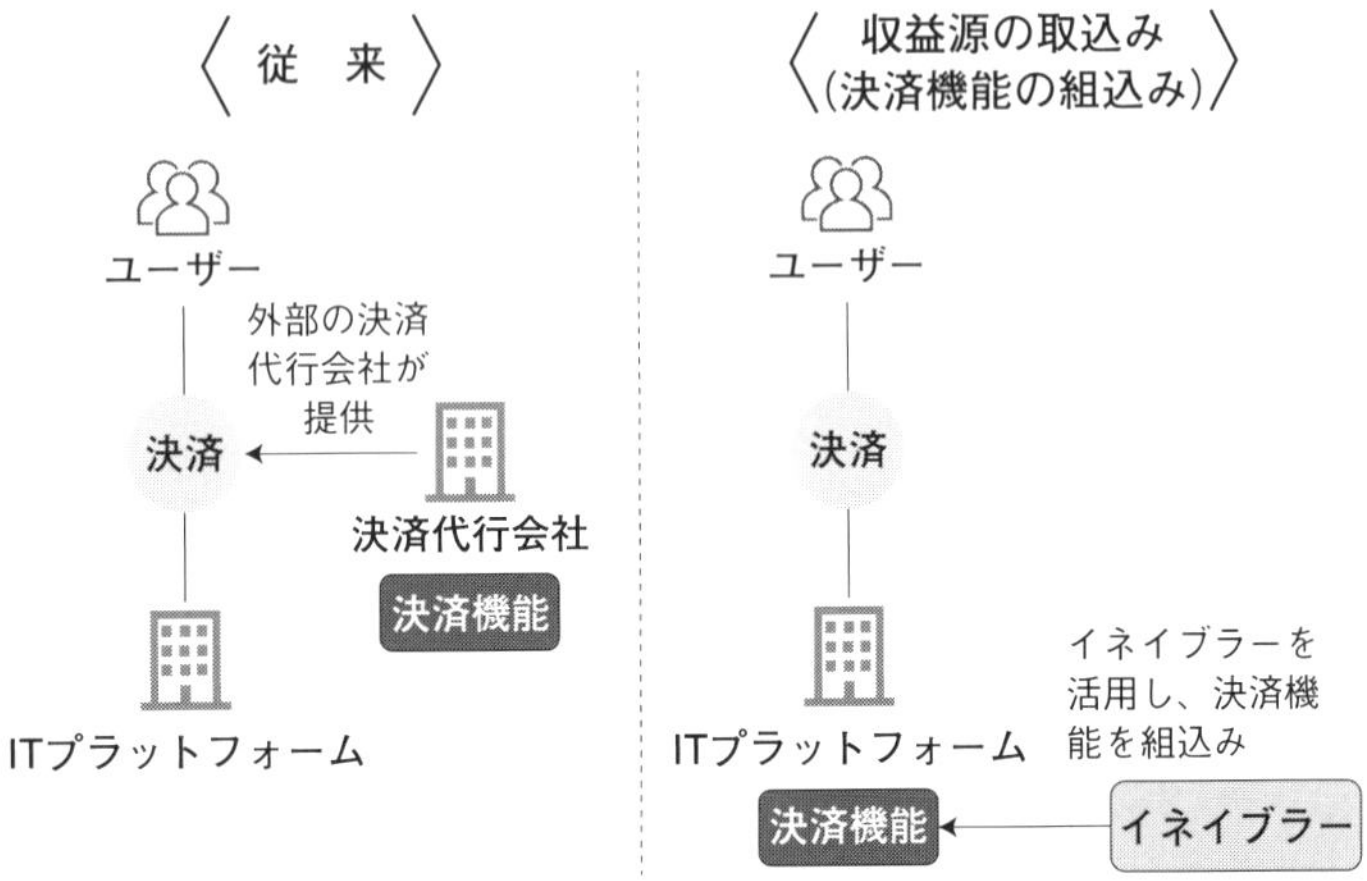

図表５－１－２　新しいマネタイズモデル

	BtoC ウェブ業界	BtoB ソフトウェア業界
価値提供	無料ウェブ コンテンツ	無料 or 格安 ソフトウェア
収益化ポイント	広告収入	決済手数料

小売からはじまり、外食、自動車、建設、ヘルスケアなど、さまざまな分野のソフトウェア企業で事例が出はじめており、エンベデッドファイナンスのなかでも、最も注目度の高い分野といえよう。

ショッピファイは決済機能の組込みでフィンテック企業化

本類型の代表的事例としては、第1章でも登場したショッピファイが提供するオンライン決済機能があげられる。ショッピファイは簡単に自社ECサイトを構築、運営できるシステムを提供しているが、そのECサイトからユーザーが商品を購入する際にクレジットカード等での決済を可能にする決済機能も提供している。ショッピファイは、提供する決済機能を用いて決済が行われるたびに、決済手数料を受け取ることができる。従来、ECサイトの運営者は決済代行業者へ決済手数料を支払っていたが、支払先がショッピファイへ変わるだけで追加的な費用負担はない。ショッピファイは**決済手数料を収益源とすることにより、本来の提供サービスであるECサイト運営システムを安価で提供できるようになり、さらなる顧客獲得を実現している。**

決済手数料等による売上高（Merchant Solutions）はショッピファイ全体の74％を占めてお

図表5－1－3　Shopifyの事業別売上高推移

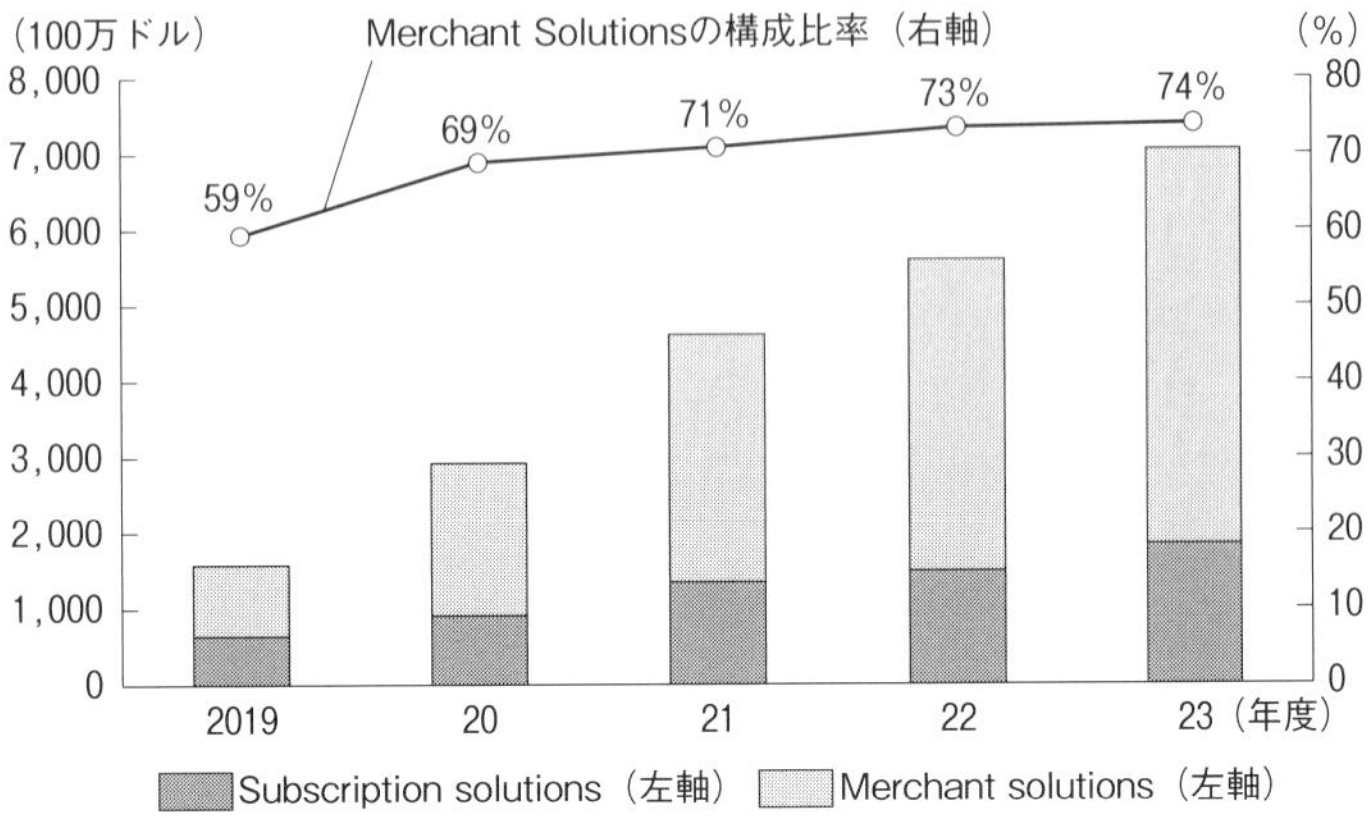

（出所）　Shopify決算資料（FY2023Q4）

り（2023年度）、収益構造からみれば、IT企業というよりフィンテック企業の様相を呈している（図表5－1－3）。

なお、日本でも同様の領域でサービスを提供する会社が台頭している。

たとえば、ベイス（BASE）は、提供するECプラットフォームに、子会社が運営する「ペイドットジェーピー（PAY.JP）」という決済機能を組み込んでいる。売上高でみると、ペイドットジェーピービジネスの占める割合は、2021年度は10％台だったが、2024年度第2四半期は37％にまで大きく拡大している。プラットフォームビジネスの収益は横ばい傾向が続くなかで、ペイドットジェーピービジネスは60％以上の成長を続けており、いまやベイスの成長をけん引する事業となっている。

経費精算管理サービスと法人クレカ

本類型のマネタイズモデルをＢ toＢの分野にもち込んだのが、経費精算管理サービスを提供するアメリカのフィンテック企業のランプ（Ramp）である。同社は、主に支出管理システムを提供しているが、従業員の経費管理をしやすくするために法人クレジットカードサービスも提供。ランプは、**法人クレジットカードが使われたときに発生する決済手数料を主な収益源とすることで、支出管理システムをほぼ無償で提供するという戦略**をとり、非常に強い価格競争力をもつことができた。

決済手数料は、決済額に応じて収益が増加するので、新規顧客からだけでなく、既存顧客からの収益も成長しやすい特徴がある。「顧客数」と「顧客当たり決済額」の両方が増加すれば、強烈な売上高成長の実現が可能だ。結果として、ランプは２０２０年にサービスをリリースすると、年換算収益（ＡＲＲ）１億ドルをわずか24カ月で達成した。

2

非金融事業者だからこそ実現できる新しい金融サービスの提供

2つのアドバンテージ

第2の類型は、非金融事業者が金融サービスの最終提供者になるからこそ実現できる新しい金融サービスの提供によって、顧客当たり収益の拡大を目指すものである。

エンドユーザーにより近い立場にある非金融事業者が金融サービスを提供することで、主に2つの利点が生まれる。1つは**顧客獲得コストの低減**、もう1つは**豊富な顧客データの活用**だ。

(1) 顧客獲得コストの低減

金融商品は、一般に、契約時の本人確認や規約同意などの手続が複雑で、契約完了率が低く、顧客獲得にかかる広告費が高騰しがちである。少額でニッチな金融商品のみを販売していては、多額の広告費を回収できる見込みが立たないため、結果としてそのような金融商品は積極的に販売されてこなかった。しかしエンベデッドファイナンスでは、既存サービスを通じて顕在化したニーズに対し、効率的に金融サービスを提供できるため、**これまで採算がとれなかった少額でニッチな金融商品も、効率的に販売できるようになった。**

(2) 豊富な顧客データの活用

従来の金融機関は、金融サービスという文脈でしか顧客データを得られなかった。一方、エンベデッドファイナンスの提供者は、本業サービスから得た多様な顧客データを保有している。たとえば、宿泊施設の予約管理システムを提供している会社を考えてみよう。予約管理システムを提供していれば、顧客である各宿泊施設の予約単価、予約状況、リピート率等のデータを収集できる。これらのデータを活用することで施設ごとの将来売上を予測し、それをもとに宿泊施設運営者にお金を貸し付けることができるかもしれない。このように、**従来金融業界**

では使われてこなかったデータを活用することで、これまでにはなかった新たな金融商品の開発や提供が可能となる。

ヤフーの「シナリオ保険」は開始4年で200万件を突破

日本では、Ｚフィナンシャルの子会社である、ＰａｙＰａｙ保険サービスが提供する「シナリオ保険」が本類型に合致している。

シナリオ保険は、ヤフージャパン（Ｙａｈｏｏ！ ＪＡＰＡＮ）のサービス上でユーザーニーズに沿った最適な保険商品を提案することを目的に、２０２０年から提供されているサービスだ（図表５－２－１）。ユーザーが「Ｙａｈｏｏ！ショッピング」や「Ｙａｈｏｏ！トラベル」などで買い物や旅行予約をする際、**カート画面や旅行予約画面で、入りたい保険のプランを選択し、生年月日を入力するだけで、商品や旅行予約と同時にワンストップで保険に加入できることが特長だ。**

特に、Ｙａｈｏｏ！ショッピング上で提供されている「あんしん修理（家電）」は、商品購入した人の10人に１人が契約する非常に人気のサービスとなっており、多くのユーザーから高い評価を受けている。

図表5－2－1　PayPay保険サービスの「シナリオ保険」

商品	提供開始時期	概要
Yahoo!オークション「あんしん修理」	2020年1月	「Yahoo!オークション」で落札した家電製品等が破損した場合などに、修理サービスを受けられる
Yahoo!ショッピング「あんしん修理（家電）」	2020年12月	「Yahoo!ショッピング」で購入した家電製品等が故障した場合に、修理サービスを受けられる
Yahoo!ショッピング「あんしん修理（家具）」	2023年9月	「Yahoo!ショッピング」で家具関連商品の購入時に加入でき、家具が壊れたときの修理費用を補償
Yahoo!ショッピング「あんしん修理（タイヤ）」	2023年10月	「Yahoo!ショッピング」でタイヤ関連商品の購入時に加入でき、購入した新品タイヤを補償
Yahoo!ショッピング「あんしん自転車」	2023年4月	「Yahoo!ショッピング」で自転車関連商品の購入時に加入でき、自転車が原因のさまざまな事故を補償
Yahoo!トラベル「宿泊キャンセル保険」	2020年7月	「Yahoo!トラベル」で宿泊のキャンセル時にキャンセル料を補償
Yahoo!トラベル「旅行キャンセル保険」「フライト遅延保険」	2020年12月	「Yahoo!トラベル」で旅行キャンセル時にキャンセル料を補償、フライト遅延・欠航したときに保険金を支払い

（出所）　PayPay保険サービスウェブサイトより作成

シナリオ保険は、サービス開始からわずか4年で累計加入件数が230万件に到達。ユーザーの生活シーンに合わせた保険サービスの展開や、決済と同時にワンストップで保険に加入できる手軽さが人気を集めている。

レストラン向けシステムのデータを活用した融資

アメリカのトースト（Toast）は、POSレジシステムを中心に、受注／在庫管理、勤務管理機能など、レストラン運営に必要な機能を提供している企業である。同社は、システムに決済機能を組み込むだけでなく、システムの提供を通じて蓄積されたデータを活用して、Toast Capitalと呼ばれる融資サービスも提供している。

たとえば飲食業界では、空調設備が不具合を起こして急遽修理費が必要になるといったように、急な支出に迫られることは少なくない。従来の銀行借入れ等では、審査が通らなかったり、支払日までにスピーディーに審査が完了しなかったりして、急な資金需要に対応することは難しかった。しかしトーストは、**各店舗の詳細な売上データを正確に把握できるため、このデータを与信分析に活用**することで、従来では難しかったレストランへの融資を実現している。

将来の売上金予測をもとにした資金調達

日本でも、トーストと同様に、データを活用したオルタナティブレンディングの事例ははじまっている。

たとえば、ＰａｙＰａｙが２０２４年3月に開始した「ＰａｙＰａｙ資金調達」は、ＰａｙＰａｙを支払手段として導入している店舗を対象に、将来のＰａｙＰａｙ経由の売上を最大１００万円まで事前に受け取ることができるものだ。PayPay for Businessと呼ばれる店舗向けツールに組み込まれた形で提供されており、**ＰａｙＰａｙの決済データを用いて店舗の将来の売上を予測し、加盟店のＰａｙＰａｙに対する将来の売上金支払請求権をＰａｙＰａｙが買い取る形で資金を提供**している。

このように、これまで活用されてこなかったデータを与信に使うことを「オルタナティブレンディング」と呼び、エンベデッドファイナンスのなかでも、今後最も幅広い分野で活用される手法になると予想されている。

3

金融サービスを活用した顧客体験の向上

本業サービスの利用を促進する金融サービス

第3の類型は、金融サービスを戦略的に活用して本業サービスの顧客体験を向上させる新しいアプローチだ。たとえば、旅行予約サイトにおいて、キャンセルの可能性を懸念して予約を躊躇するユーザーに対し、旅行キャンセル保険を提案すれば、キャンセル料の懸念がなくなり予約がしやすくなる。旅行予約サイト運営者は、保険の販売自体ではそこまで大きな収益を生み出すことはできないかもしれないが、保険があることによって予約数の増加が期待できる。それが売上の増加につながるのであれば、保険を組み込む価値がある。

この類型では、**金融サービス自体の収益よりも、本業サービスの利用増加による顧客体験の向上、売上拡大が主な目的**となる。金融サービスは、顧客の不安を取り除き、本業サービスの利用を促進する触媒として機能するといえよう。

安心して購入してもらうための配送保険

第1の類型でも紹介したショッピファイについて、本類型でも取り上げてみよう。

ショッピファイは、加盟店向けに配送中の紛失、盗難、破損を補償する配送保険を導入している。Shopify AdvancedやShopify Plusなど上位のサブスクリプションプランに標準搭載されており、ユーザーは追加料金なしで保険を利用できる。

アメリカでは、配送サービスへの不満が高く、10個に1個の荷物が破損し、3人に1人が荷物の盗難被害を経験しているという。届いた商品にこうした問題があった場合、ユーザーは店舗に直接クレームを入れて交換または返金をしてもらうことになる。たとえ店舗側に責任がなくても、店舗に対してネガティブな印象を抱くことになり、被害を受けた顧客の約40%はその店舗での再購入を控える結果となってしまっているという。

しかし、**配送保険があれば、顧客は安心して商品を購入できるようになり、購入率の向上が**

期待できる。問題が発生した際には、店舗が直接対応するのではなく、専門の保険会社が迅速に対応してくれる。プロによる適切な顧客体験を提供できれば、リピート率の増加も見込める。

前述のとおり、ショッピファイは保険をサブスクリプションプランに組み込んでいることから、保険販売そのものによる収益よりも、配送被害に伴う離脱を抑制することで総決済額、ひいては決済手数料の増加を目指していると推察される。

レストラン予約のキャンセル料を補償

日本における事例としては、OMAKASEキャンセル保険があげられる。

GMO OMAKASEが提供する「OMAKASE by GMO」は、原則キャンセルができないかわりに、希少なレストランを予約できるサービスで、事前のクレジットカード登録が必要となっている。**キャンセルリスクを懸念するユーザー向けに、フィナテキスト、スマートプラス少額短期保険と連携してキャンセル料を補償する保険**をオプションで提供（図表5－3－1）。保険により、顧客はより安心して予約ができ、予約数の増加につながると期待される。

GMO OMAKASEにとっては、保険販売の手数料よりも予約数増加による収益の方が

図表5－3－1　レストラン予約のキャンセル料を補償する「OMAKASEキャンセル保険」

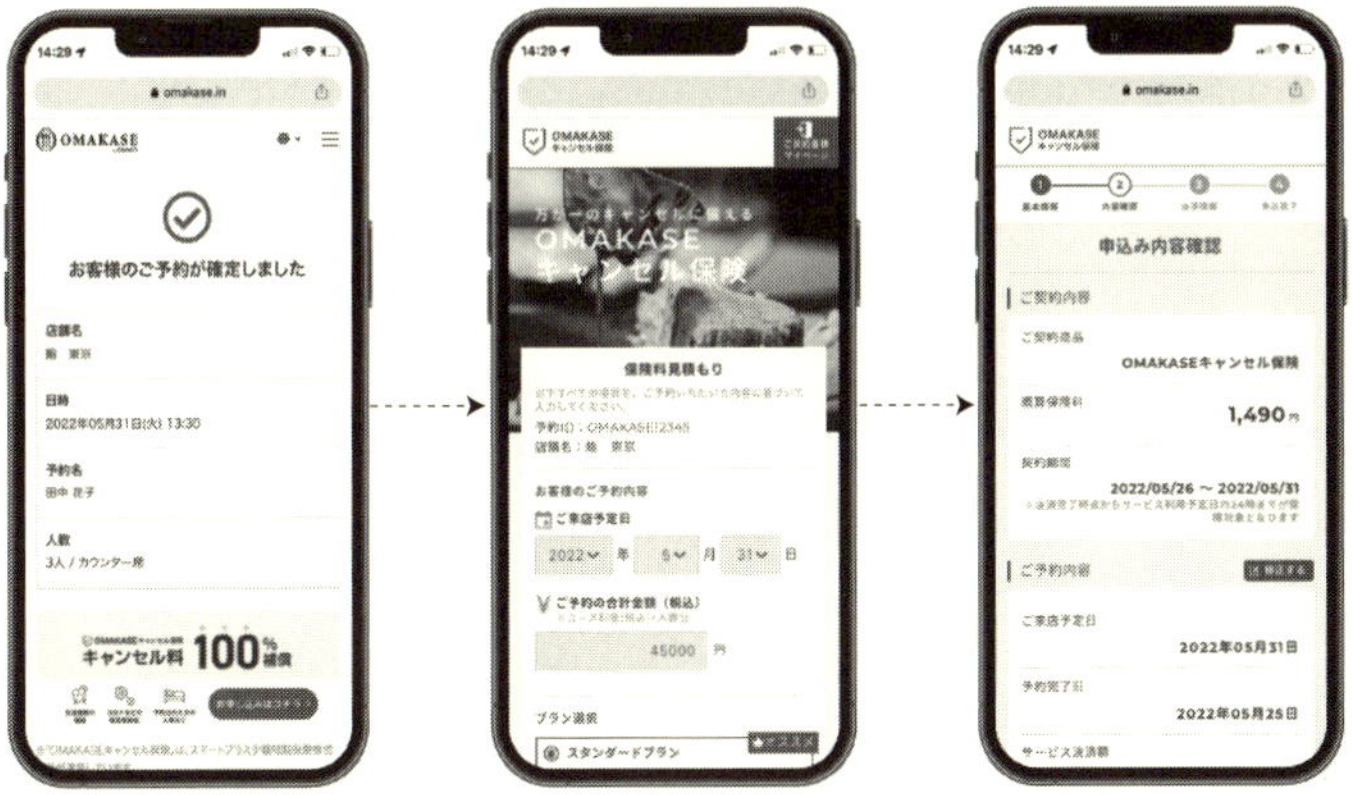

（出所）　Finatextウェブサイト

大きいと考えられ、顧客体験の向上を重視したサービス設計となっている。

以上のように、エンベデッドファイナンスにおいて、特化したサービスを提供する事業者がピンポイントにニッチなニーズを満たす金融機能を自社のサービスに組み込むパターンは大きく3つに分類できる。いずれの類型も、非金融事業者が金融サービスを戦略的に組み込むことで、顧客により大きな価値を提供するとともに、本業への貢献につなげる革新的なアプローチであるといえよう。

第6章

アメリカのBaaS業界で起きていること

1

ＢａａＳによって急成長した地域金融機関

エンベデッドファイナンスがさまざまな形で急速に普及しつつある反面、課題も生まれはじめている。本章ではアメリカにおける決済・預金口座を組み込むＢａａＳビジネスに注目し、現在生じている課題とそれを踏まえたＢａａＳ業界の進むべき方向性について解説する。

地域金融機関に有利な規制環境

アメリカの地域金融機関は、日本以上に厳しい市場環境に直面している。日本と比較しても多数の銀行が存在するアメリカでは、激しい顧客獲得競争が繰り広げられ、ＦＤＩＣによると、資産規模30億ドル以下の地域金融機関の預金シェアは２０１０年の15％から２０２３年にはわずか5%にまで減少した。このような厳しい環境下において、ＢａａＳビジネスは地域金融機関にとって数少ない有望な成長機会となった。その背景には、２００８年の世界金融危機を受けて２０１０年に制定されたドッド・フランク法（Dodd-Frank Wall Street Reform and Consumer Protection Act）がある。同法の一環として施行されたダービン改正（Durbin Amendment）によって、資産１００億ドル以上の銀行が発行するデビットカードの決済手数料率に上限が課されることとなり、**大手銀行におけるデビットカード取引からの収益が大幅に減少した**。一方、資産１００億ドル未満の地域金融機関はこの制限から除外され、従来の手数料率を維持できたため、事業者との提携においてこの高い手数料率から収益を分配することが可能となり、ブランドとなるパートナーに有利な条件を提示できた。

この規制環境の変化と相まって、**多くのアメリカの地域金融機関がＢａａＳビジネスに参入し、急成長を遂げた**（図表６−１−１）。

総資産額が2年で9倍に

急成長した地域金融機関の代表例としては、リネージュ銀行があげられる。２０２１年まではテネシー州最小の平凡な地域金融機関であったが、テネシー州の銀行家一族へリントン氏に

図表6－1－1　アメリカにおける主なBaaS参入銀行

銀行	資産規模（百万ドル）	BaaSパートナー数	代表的なブランドパートナー
Evolve Bank & Trust	1,478	56	Cash App, Uber, Current
Blue Ridge Bank	3,229	43	Wise, Aven, Rocket Dollar
Thread Bank	609	26	Zolve, Point, CLEO
CFSB	637	17	Grain, Lively, Nearside
Piermont Bank	559	14	Clearbanc, N26, Solid
Coastal Community Bank	3,675	14	Affirm, Greenwood, Jiko
Choice Financial Group	5,035	9	Lili, HMBradley, SteadiPay
Bancorp Bank	7,457	8	Chime, Eco, MoneyLion
Sutton Bank	2,062	7	Root, Revolut, One Finance
Pathward	7,531	6	Clair, Square, Gusto
Lineage Bank	246	6	GoHenry, First Boulevard, Vybe
nbkc bank	1,148	6	Acorns, One, Joust
Green Dot	3,844	5	Intuit, Albert, PLS
Stride Bank	3,208	5	Lyft, Chime、Stash
Lincoln Savings Bank	1,852	5	Yotta, MoneyLion, Zero
MVB Bank	3,398	4	Acorns, Figure, Plaid
Cross River Bank	8,296	4	Affirm, Brex, Varo

（出所）　Embeddedウェブサイト“BaaS partner bank landscape 2024”より作成

図表6－1－2　Lineage Bankの総資産額推移

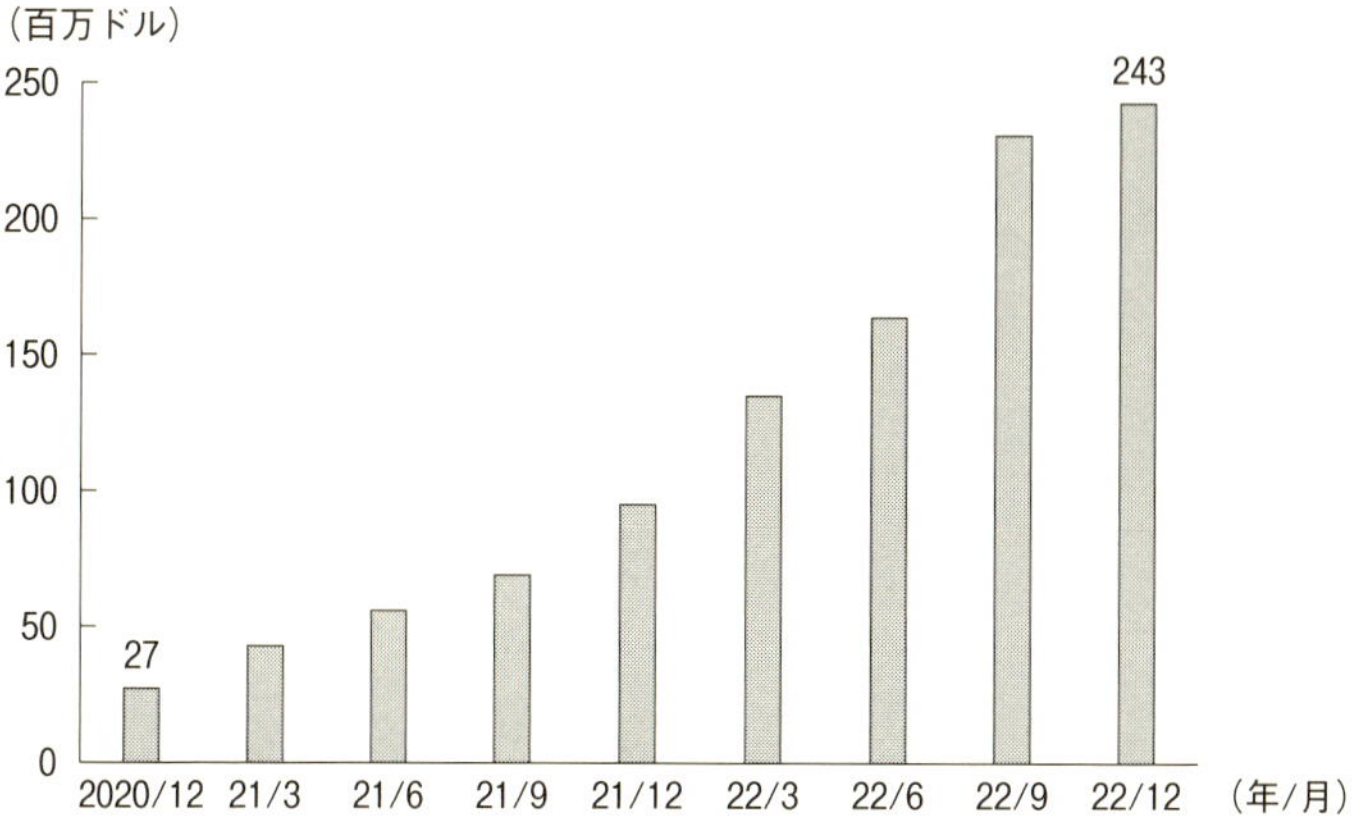

（出所）　FDICより作成

よる買収を機に、経営方針を抜本的に転換した。シナプスやシンクテラなどのＢａａＳプラットフォーマーと提携し、**ＡＰＩを通じてブランド企業に銀行機能を提供するＢａａＳビジネスへと大きく舵を切った。**

戦略転換により、リネージュ銀行の総資産額は劇的に増加した（図表6－1－2）。２０２０年末時点で２７００万ドルだった総資産額は、２０２２年末には2億４３００万ドルへと、わずか2年で約9倍に拡大。当時は低金利環境で、ブランド企業の預金サービスの大半が無金利だったため、同行の平均調達金利は0・15％と、業界平均の約3分の1という低水準を実現した。同行はこの低コストの調達資金を活用して投融資を行い、高い収益をあげることに成功したのであった。

2 モニタリング対策等の不備が明らかに

ＢａａＳビジネスの急成長は、参入銀行に予期せぬ課題をもたらした。大半の銀行は、複数のパートナー企業に対する効率的なリスクモニタリングやコンプライアンス遵守評価を行うシステムを自前でもっていなかったため、これらの機能をＢａａＳプラットフォーマーに依存することになった。ＢａａＳプラットフォーマーが営業から、システム要件やコンプライアンス要件の調整まで一括して担ってくれるため、銀行は最小限の労力でパートナー数を増やすことが可能となった。しかし、それは同時に**銀行の各パートナープログラムへの実質的な関与が薄まるという課題**をもたらすこととなったのである。

この問題が顕在化した例として、リネージュ銀行と同様にＢａａＳビジネスで急成長を遂げたエボルブ銀行があげられる。同行はＢａａＳプラットフォーマーを通じて複数の問題のあるパートナーと提携してしまった。たとえば、破綻した暗号資産交換業のFTX、無許可での貸金業営業で当局から訴訟を受けたP2Pレンディングのソロファンズ（SoLo Funds）、さらには正式ローンチ翌日に全サービスを終了した暗号資産デビットカードのZELFなどである。これらの提携は、**エボルブ銀行のパートナーに対するデューデリジェンスやサードパーティのリスクモニタリング体制に重大な欠陥があった**ことを示しているといえよう。

その結果、エボルブ銀行は2023年に安全性および健全性に関する審査に基づき、規制当局であるセントルイス連邦準備銀行およびアーカンソー州銀行局から広範な是正措置を命じられた。具体的には、BSA（Bank Secrecy Act：銀行秘密法）／AMLおよび外国資産管理局（OFAC：Office of Foreign Assets Control）による規制の遵守を含む監督の強化、消費者保護に関するコンプライアンス遵守と苦情対応のリスク管理強化、BSA／AMLコンプライアンスプログラムの策定と第三者機関によるレビュー、顧客デューデリジェンス計画の策定、独立第三者による取引監視システムの評価などが要求された。さらに2024年6月には、FRB（Federal Reserve Board：連邦準備制度理事会）からフィンテックパートナーシップやマネーロンダリング防止法に関するリスク管理プログラムの強化を命じられ、今後BaaSビジネスを展開していくうえで大きな制約を抱えることとなった。

エボルブ銀行は、BaaSビジネスにより2019年から2022年にかけて預金が

313%増加するという驚異的な成長を遂げたが、これらの規制措置により今後のBaaSビジネスの成長は鈍化を余儀なくされるだろう。同行はマーキュリー（Mercury）、ストライプ、デイブ（Dave）、アファーム（Affirm）、エアウォレックス（Airwallex）など、多くの著名で大規模なフィンテック企業と提携しているが、これら企業が監督当局からの制約のない他の銀行パートナーに移行する可能性は高く、不安定な状況に置かれることとなった。

3 BaaSプラットフォーマーのリスク管理能力不足

認識する預金額が乖離

モニタリング対策等の不備の問題の根底には、ライセンスホルダーであり最終的にコンプライアンス遵守の責任を負うべき銀行が、BaaSプラットフォーマーに過度に依存し、自社で適切なリスク管理を怠っていたという事実がある。しかし、その前提には、BaaSプラットフォーマーがこれらの業務を適切に遂行してくれるだろうという誤った認識があった。つまり、**BaaSプラットフォーマー側のリスク管理能力不足**も、問題の一因となっている。

BaaSプラットフォーマー側の課題が顕在化した例としては、エボルブ銀行のイネイブラーであったシナプスの事例があげられる。事の発端は、パートナーシップで最も成功していたネオバンクのマーキュリーが、シナプスとの契約を終了し、エボルブ銀行と直接取引することを決定したことだった。

その過程で、**シナプスが認識しているパートナーの預金額（ひいては、各エンドユーザーの預金額）と、エボルブ銀行が認識している額に乖離があることが明らかになった。**シナプスは自社が総額約1・50億ドルの預金を管理していると認識していたが、実際のエボルブ銀行の口座残高は約1・27億ドルにとどまり、シナプスは差額をエボルブ銀行が補填すべきだと主張し、訴訟に発展した。騒動の結果、資金が枯渇したシナプスは破綻手続に入り、2024年5月11日に突如サービスを停止。これにより、10万以上の口座が凍結され、エンドユーザーは自身の預金にアクセスできなくなる事態に陥った。

FBO口座の存在

両者が認識する預金額に差異が生じることなどにわかには信じがたいが、その背景には、FBO（For Benefit Of）口座の存在がある。FBO口座とは、企業が複数のエンドユーザーの資金をまとめて管理できる口座であり、口座保有企業はその口座に紐づく個々のバーチャルアカウントをエンドユーザーに提供できる。**アメリカのＢａａＳモデルでは、ＦＢＯ口座の活用が一般的で、ＢａａＳプラットフォーマーが銀行やブランド企業にかわって、ＦＢＯ口座内でバーチャル口座ごとの残高管理を担っていた。**

シナプスは、複数の銀行と提携することで、ＢａａＳプラットフォーマーの顧客に多様な機能を提供していた。たとえば、預金口座機能はエボルブ銀行と、第三者への送金機能はリネージュ銀行と提携しており、結果として複数の銀行パートナーにまたがる入出金処理が必要となっていた。こうした背景から、**残高管理が非常に複雑化し、差異が生じた**と推測されている。

シナプスは銀行ではないため、ＦＲＢ、ＦＤＩＣ（Federal Deposit Insurance Corporation：連邦預金保険公社）による規制の対象外である。また、シナプスが提携していた銀行のいずれも破綻していないため、ＦＤＩＣの預金保険支払いの対象にもならない。したがって、シナプスの破綻後、仮に正確な不足額が判明したとしても、その不足額を誰が補填するべきか不明確な状態となってしまった。

4 規制強化への動き

パートナーリスク管理に関する新指針

これらの問題を受け、規制当局は対応を強化している。エボルブ銀行以外にも、グリーン・ドット銀行（Green Dot Bank）やリネージュ銀行など、ＢａａＳビジネスに関連して多くの銀行が同意命令を受けている状況だ（図表6－4－1）。

パートナーへのモニタリング不足によるコンプライアンス問題の発生を踏まえ、２０２３年6月、ＯＣＣ（通貨監督庁）は金融機関のＢａａＳ展開におけるパートナーリスク管理に関する新指針を発表した。同指針では、最終顧客は金融機関の顧客であり、介在するブランドパー

図表6－4－1　アメリカにおける規制当局による
BaaS参入銀行へのアクション

銀行名	規制当局によるアクション
Green Dot Bank	2023年、FRBから同意命令を受領
Choice Bank	2023年12月、FDICとの同意命令に署名
Lineage Bank	2024年１月、FDICとの同意命令に署名
Blue Ridge Bank	2024年１月、OCCとの同意命令に署名
Sutton Bank	2024年２月、FDICとの同意命令に署名
Piermont Bank	2024年２月、FDICとの同意命令に署名
Cross River Bank	2024年５月、FDICとの同意命令に署名

トナーやＢａａＳプラットフォーマーは第三者に過ぎないこと、そして金融機関にすべての責任があることが改めて明確化された。**今後、さらなる新規制の導入や自主規制団体の設立などの動きが予想される。**

責任の所在

ＢａａＳ参入銀行にかかる今後の規制の方向性を占ううえでは、イギリスの規制枠組みが参考になるだろう。

イギリスのＥＭＩ（Electronic Money Institutions）ライセンスは、エンドユーザーにサービスを提供する事業者が取得すべきものであり、主に次の要件を満たす必要がある。

① 電子マネー保有者の資金を保護するための適切な分別管理
② リスク管理ルールと内部統制の整備
③ 「不公正取引からの消費者保護規則（Consumer Protection from Unfair Trading Regulations）」（２００８年）の遵守
④ 「マネーロンダリング規制（Money Laundering, Terrorist Financing and Transfer of Funds（Information on the Payer）Regulations 2017）」（２０１７年）の遵守
⑤ 規制当局から適切な経験があると認められるマネーロンダリング報告責任者の任命

端的にいえば、イギリスのＥＭＩライセンスは、エンドユーザーにサービスを提供する事業者に対して、顧客資産の保護をはじめとする一定のコンプライアンス体制の構築を要求している。このような最低限の要求があれば、現在アメリカで問題となっているような課題の発生を抑制できる可能性が高い。

日本でも類似の考え方に基づいたライセンスとして「金融サービス仲介業」が存在する。金融サービス仲介業は、1つのライセンスで複数の金融商品を取り扱うことができる点が最大の特徴だが、もう1つの重要な特徴として、所属制の廃止があげられる。従来の仲介業では、金

融機関による仲介業者へのモニタリングが必要だった。金融サービス仲介業では、金融機関は仲介業者への指導責任や損害賠償責任から解放され、デューデリジェンスやモニタリングの負担が軽減された。かわりに仲介業者がより高いコンプライアンス体制の構築を求められるものの、特定の金融機関に縛られずに幅広いパートナーとの連携が可能になっている。

このように、アメリカのＢａａＳ業界で顕在化した課題に対し、業界の健全な発展を促す新たな規制の枠組みが構築されていくことが期待される。

新形態「ヘッドレスバンク」の登場

5

ＢａａＳビジネスの急成長に伴って生じた新しい課題に対応するため、規制強化だけでなく、ビジネス側でも革新的な動きが生まれている。特筆すべきは、イネイブラーとライセンスホルダー双方の役割を担う新形態の金融機関の出現である。

従来、ライセンスホルダーの役割は主に地域金融機関が担い、既存の個人・法人向け事業に加え、イネイブラーと提携してＢａａＳビジネスを展開してきた。しかし、**新たに登場した金融機関は、直接的な顧客獲得をすることなく、ＡＰＩを通じた銀行機能の提供に特化している**。テクノロジーに強みをもつ企業や起業家が、銀行ライセンスを新たに取得または銀行を買収することで実現しているものである。

新しいモデルには、２つの重要な利点がある。１つ目は、１社が両役割を担うことで、コンプライアンス遵守の責任分担の不明確さという問題を回避できること。2つ目は、テクノロジー志向の企業が最初からＢａａＳビジネス向けのシステムを構築することで、パートナー管理の効率化が図れることである。これらの利点により、現在のＢａａＳビジネスが直面する課題は一定程度解決できる可能性があり、業界の注目を集めている。

この新しいモデルの金融機関は、「**ヘッドレスバンク**」と呼ばれ、その代表例としてはコラム（Column）があげられる。２０２０年創業のスタートアップで、金融とテクノロジーに精通した経営陣を擁し、Andreessen Horowitz（a16z）などの著名ベンチャーキャピタルからの投資を受けている。ＡＰＩファーストのアーキテクチャにより、事業者による金融サービスの容易な組込みを可能にしている。さらに、ＡＩを活用した与信モデルやブロックチェーンベースの決済システムなど、最先端技術の積極的導入により、事業者に革新的な価値を提供している。

このように、新たな課題が生じても革新的な解決策を提示する新規プレイヤーが登場することで、エンベデッドファイナンス業界は絶え間ない進化を続けている。

第7章

エンベデッドファイナンスのこれから

1

新たな金融業界の地図

前章でみたとおり、先行するアメリカにおいては、新しい課題が発生しているものの、それに対して新たな規制やプレイヤーが登場し、エンベデッドファイナンスはさらなる進化を遂げようとしている。今後もさまざまな課題が出てきてはそれを乗り越え、中長期的に金融業界の大きなトレンドになっていくだろう。最終章である本章では、エンベデッドファイナンスが普及した後の金融業界の将来像を予測したい。

市場のすみ分けが進む

エンベデッドファイナンスの台頭に伴い、大手金融機関が業界全体を網羅していた時代か

図表7－1－1　金融業界のすみ分け

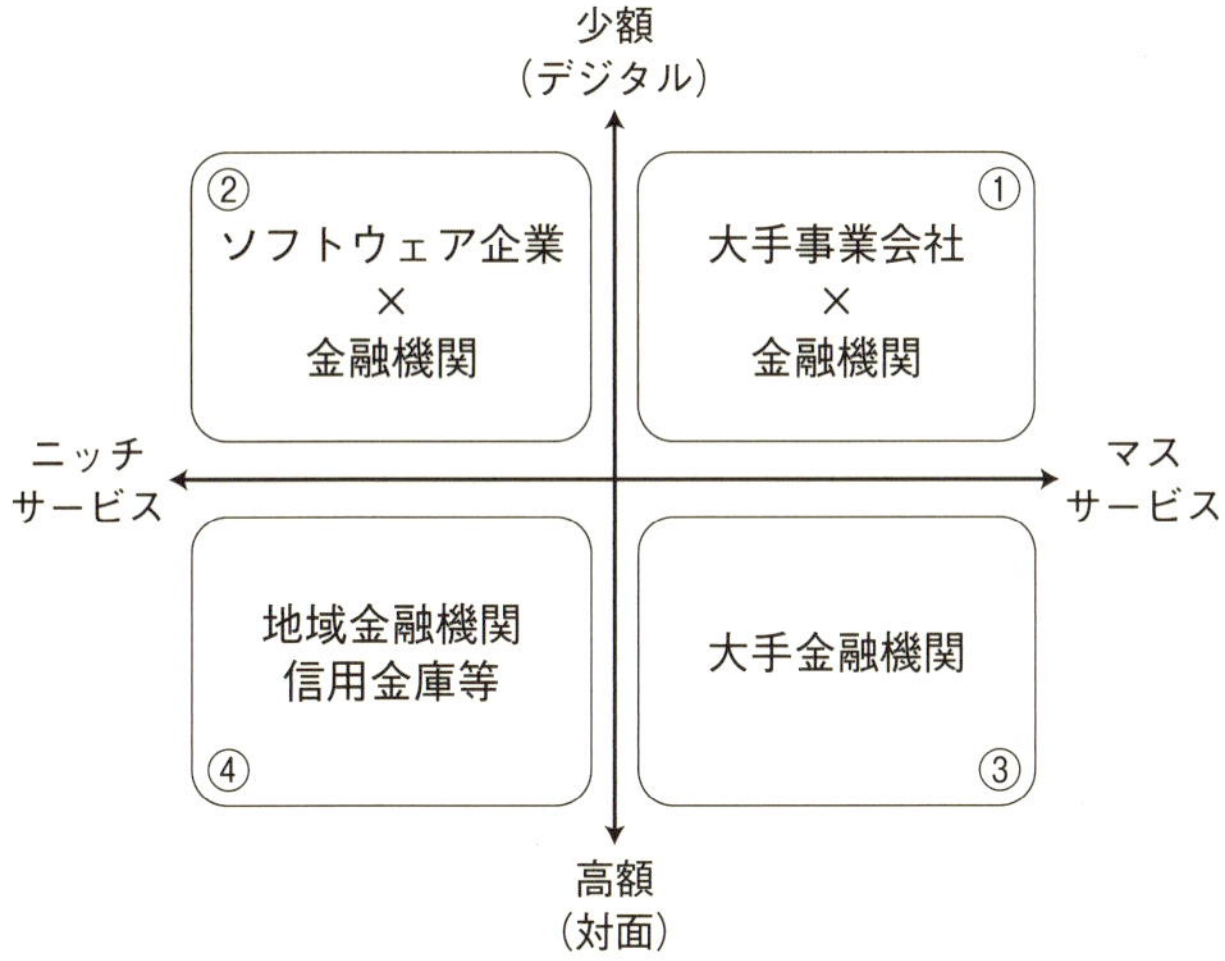

ら、各プレイヤーが自身の強みを活かせる領域に特化する時代へと移行しつつある。

新たな金融業界の地図を理解するため、図表7－1－1のとおり、2つの軸を用いてセグメント分類をした。1つ目の軸は顧客規模（マスサービス、ニッチサービス）、もう1つの軸は金額帯（少額、高額）である。ここで注目すべきは、金額帯の軸がチャネルとも密接に関連している点だ。すなわち、**少額のサービスはデジタルチャネルに集約される傾向にある一方、高額のサービスは依然として対面での提供が主流となり続けると**考えている。

セグメント分類に基づき、筆者は、金

融業界の将来像を次のように予測する。

> ①マスサービス×少額（デジタル）：大手事業会社が主導権を握る領域
> ②ニッチサービス×少額（デジタル）：多様なプレイヤーが新たな機会を見いだす領域
> ③マスサービス×高額（対面）：大手金融機関が引き続き中心的役割を果たす領域
> ④ニッチサービス×高額（対面）：地域金融機関への期待が大きい領域

ここから、各領域における今後の展開について詳細に考察していく。

マスサービス×少額（デジタル）――大手事業会社が主導権

本領域は、広く一般に利用されるマスサービスで、比較的少額の金融サービスだ。代表的なものとして、決済、少額借入れ、少額積立投資などがあげられる。

本領域での成功の鍵は2つある。1つは、**日常の高頻度な接点を通じて、ユーザーのニーズを即座に察知し、シームレスにサービスを提供する能力**。もう1つは、**本業のサービスから得られるデータを活用し、ユーザーにとって魅力的なサービスを設計する能力**だ。

エンベデッドファイナンスの最前線ともいえる本領域には多様なプレイヤーが新たな機会を見いだそうと参入するため、最も競争が激しくなることが予想されるが、これらの能力に長けた、デジタルプラットフォーム上で高頻度な顧客接点をもつ大手事業会社が主導権を握っていくだろう。具体的には、インスタグラムやX（旧・ツイッター）などのSNS、LINEのようなコミュニケーションアプリ、PayPayに代表される決済サービスなどが、金融サービスの提供者として台頭しつつある。実際、LINEやPayPayは近年、金融サービスの拡充に注力しており、また、Xもスーパーアプリ化を目指していると報道されている。

マス向けの少額な金融サービスは、高頻度で利用されるものの、個々の取引における収益性は高くない。しかし従来から、これらのサービスは既存の金融機関においても重要な位置づけとされてきた。顧客との接点をもつことで、より高額で収益性の高い金融商品を紹介する機会が生まれれば、大きな収益につながる可能性があるためだ。引き続き、将来の主要顧客を獲得するための入口として機能していくだろう。

今後、既存の大手金融機関と直接競合しつつ、デジタルプラットフォーマーが既存市場のシェアを侵食していく傾向が予想される。実際、個人向けローン市場では既にその影響が顕在化している。日本貸金業協会の年次報告書によれば、大手消費者金融会社（貸付残高5000億円超の業者）の貸出残高は2021年3月末以降減少傾向にある。これは、LINEやメルカリなどの新規参入者の影響が一因と考えられている。

このような状況下、大手事業会社と金融機関が提携する際には、既存金融機関はカニバリゼーションのリスクを慎重に検討する必要がある。そのため、日本のように比較的ライセンス取得が容易な環境では、提携ではなく自社でのライセンス取得や、既存金融機関とのジョイントベンチャー設立といった形での市場参入が多くみられる可能性が高い。

ニッチサービス×少額（デジタル）
――ウーバーのドライバー向け自動車ローン

本領域は、特定のニーズやユーザー層を対象とした比較的少額の金融サービスを指す。代表的な例としては、保険料が少額な損害保険、ニッチな層向けのローン、個品割賦などがあげられる。

エンベデッドファイナンスの進展により、本領域では多様なプレイヤーが新たなサービスを創出する可能性を秘めている。これらのサービスは、「①マスサービス×少額（デジタル）」領域とは異なり、**既存サービスとのカニバリゼーションを引き起こすことなく、金融業界の市場全体を拡大させる潜在力**をもっている。

第5章で、ヤフージャパンのサービス上で加入できるＰａｙＰａｙ保険サービスの「シナリオ保険」について紹介したが、これも従来あまり注目されていなかった保険サービスが、シームレスな購買体験の実現により、高い加入率と販売額の増加を達成した好例といえるだろう。

もう1つの興味深い事例としては、ウーバーがアメリカで提供するドライバー向け自動車ローンがあげられる。ウーバーのドライバーは、定職についていないことも多く、従来の金融機関からの借入れが困難な場合もあった。ウーバーは、配車サービスを通じて、プラットフォーム上のドライバーの収入データや利用者からの評価といった独自の情報を蓄積しており、それを活用することで、既存の金融機関では難しかった与信判断を可能にしている。ドライバー向けの自動車ローンは、ウーバーの本業にも好影響を及ぼしている。高評価のドライバーが自動車ローンを利用してより大きな車種や高級車に乗り換えれば、配車単価が上昇し、ドライバーの収入増加につながる。ウーバーはドライバーの収入から一定割合の手数料を得ているため、ドライバーの収入増加はウーバーの売上増加に直結する。ウーバーとドライバーのウィン・ウィンな関係は、エンベデッドファイナンスがもつ、潜在的な価値創造力を示している。

本領域は、金融サービスのイノベーションと市場拡大の可能性を秘めており、今後の展開が注目される領域といえる。

一方、既存の金融機関は戦略の岐路に立っている。「①マスサービス×少額（デジタル）」領域でのシェア侵食を見越し、ブランドとの連携を強化して「②ニッチサービス×少額（デジタル）」領域での売上拡大を目指すべきか、あるいは「①マスサービス×少額（デジタル）」領域で、新規参入プレイヤーと競合し、シェア維持・拡大に注力すべきか。この選択は、各金融機関の将来的な成長戦略を左右する重要な判断となるだろう。

マスサービス×高額（対面）——大手金融機関が中心

本領域は、一般的に広く利用されるマスサービスでありながら、比較的高額な金融サービスである。代表的なものとしては、生命保険や住宅ローンなどがあげられる。

引き続き大手金融機関が本領域の主導的な役割を果たすと予想される。高額な取引になるほど、オンライン上での即時契約は困難になり、エンベデッドファイナンスによる「ついで」の提案や、シームレスな購入は適していない。むしろ、一定の摩擦があることで、顧客の信頼感を醸成し、慎重な意思決定を促すことができる。

近年、コロナ禍を契機としたデジタル化の進展により、説明や相談は対面で行うものの、個人情報の入力や契約署名をオンラインで完結させる「ハイブリッド型」サービスも増加している。このハイブリッドアプローチは、本領域の金融サービスにおける主要な販売方法になると予測される。しかし、販売方法が進化しても、顧客自らが能動的に行動し、専門家と相談し、後押しを受けて購入するという本質的なプロセスは変わらないだろう。

実際、本領域の代表的な金融サービスである生命保険は、日本ではインターネットによる加入比率がわずか4％程度にとどまっている（生命保険文化センター「2021（令和3）年度生命保険に関する全国実態調査」）。対面の保険相談窓口のビジネスは依然として根強く、むしろ緩やかな拡大傾向にある。特に生命保険は、比較検討に必要な情報量が膨大であり、モバイルはおろかパソコンであったとしても数画面に収まる分量をはるかに超えるため、ウェブサイト上で全体像を把握するのは困難である。さらに、無形商品であるがゆえに、視覚的な手触り感を提供する紙媒体が安心感を醸成するうえで重要な役割を果たしている。

こうしたデジタル化は日本だけが遅れていると思われがちであるが、実は世界的にも同様の傾向である。アメリカでも生命保険のデジタル販売比率は11％、デジタル先進国と思われる中国でさえ1％にとどまっている。日本の4％という数字を考慮すると、オンライン販売の成長余地はあるものの、近い将来に全体の10％を超えることは考えにくい。かつてはすべての金融サービスが徐々にデジタルに置き換わっていくと考えられていたが、本領域に該当する金融商品は引き続き大半が対面で取引されていくことになるだろう。

図表7−1−2　アメリカにおける主要銀行の支店数推移

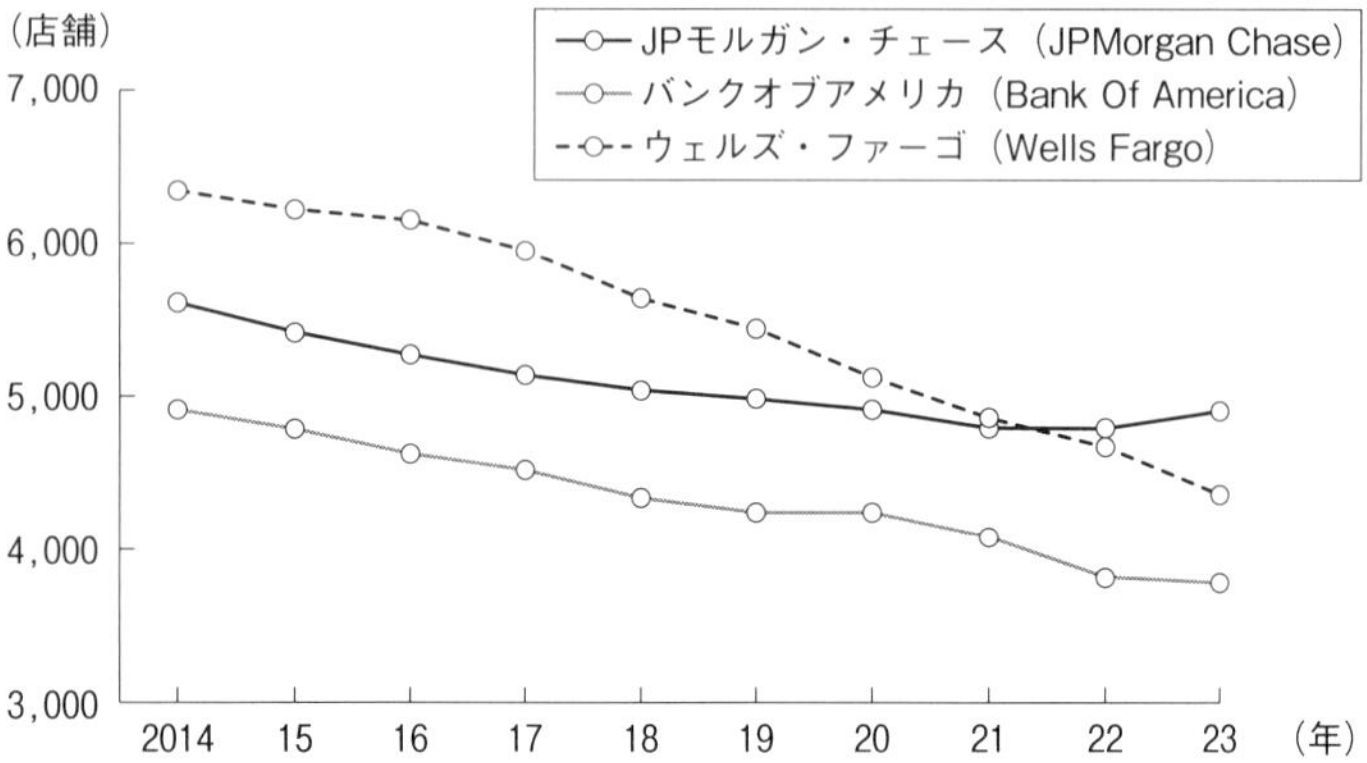

（出所）　FRBより作成

そんななか、**対面拠点の重要性**を再認識しはじめている金融機関がある。多くの銀行が支店数を削減するなか、ＪＰモルガン・チェースは、２０２３年に支店を１１４店舗も増やし（図表7−1−2）、今後3年でさらに５００店舗の増設を計画している。ウェブサービスと支店を効果的に組み合わせることで、カバーできる顧客の範囲を広げ、1店舗当たりの預金額は２０１７年から２０２２年にかけて年平均約14％という高い成長を実現。チェースブランドの新規カード契約の半数、住宅ローン紹介の75％が支店経由で行われており、グループ会社のチェースウェルスマネジメント（Chase Wealth Management）においては、投資未経験者の85％が銀行からの紹介によるものとなっている。他の金融サービスのクロスセルの場として、支店の重要性が高まっているといえよう。

日本でも、2024年2月、みずほ銀行が個人の口座開設に特化した店舗を開設した。同行の新規出店は実に10年ぶりという。このように、大手金融機関が対面チャネルの重要性を再認識する動きは、今後、目立っていくだろう。デジタルチャネルを活用しつつも営業員や支店ネットワークを活かしたハイブリッドモデルの展開が予想される。

ニッチサービス×高額（対面）
――中小企業の運転資金ニーズに対応するBNPLサービス

本領域は、特定のニーズや顧客層を対象とした、比較的高額かつニッチな金融サービスである。代表的なものとしては、資産運用や相続関連サービス等があげられる。

高額なニッチサービスは、一般に、個々のサービス自体の収益性は高い傾向にある。しかしながら、対象となる顧客を見いだすための営業コストや、限られた取引数に対応するためのオペレーション体制維持費用が高額になりがちであり、結果として売上に比して販管費が膨らむ傾向がある。特に大きな売上が見込めない場合、大手金融機関にとっては参入しづらいため、本領域は地域金融機関にとって好機となる可能性が高い。

興味深いことに、**高額なニッチサービスはエンベデッドファイナンスと親和性が高い**。特定のパートナーに販売チャネルが絞られることで、はじめから適合度の高い顧客のみが流入するためである。金融サービスの多くは審査を必要とするが、不適合な申請者が多数を占めると、オペレーションチームの時間と労力が無駄に費やされてしまう。一方、はじめから適合度の高い顧客のみが流入すれば、審査プロセスの効率化が図れ、結果として1件当たりの運営コストを大幅に削減することが可能となる。

この点を具体的に示す事例として、フィナテキストグループの子会社であるスマートプラスクレジットが提供する「ビズグロース（BizGrowth）」があげられる。ビズグロースは、中小EC事業者や個人事業主向けの後払い（BNPL）サービスで、特にD to C（メーカー直販）企業向けに、商品の仕入れや製造委託等に関する支払いを分割払いにできるサービスを提供している。

工場等へ商品を発注する際には、支払金額の半分ないしは全額を発注時に支払うのが一般的だ（図表7－1－3）。特に成長フェーズにある事業者の場合、数カ月先に納品される商品の発注金額を事前に支払うのは大きな財務的負担となり、短期的に資金繰りが厳しくなる傾向がある。同サービスによって支払いを分割することで、手元に余剰資金を残しながら、事業拡大を目指せるようになる。さらに、一度に発注する量を増やすことで、商品1つ当たりの製造原

図表7－1－3　商品の発注から販売・入金までのスケジュール（例）

価を引き下げられるケースも多い。事業者はビズグロースを活用し、手元資金以上に発注量を増やすことで、製造単価を引き下げられる。このように、一般的なファイナンスサービスであっても、対象業界やユースケースを絞り込むことで、単なる資金繰り支援ではなく「コスト削減ツール」として機能させることが可能となる。

ビズグロースは、EC関連事業を展開する企業とのパートナーシップを通じて、エンベデッドファイナンスとしても提供されている。ビズグロースのターゲットとする顧客層に非常にマッチした紹介を受けられており、パートナーを通じて紹介されたケースでは約80％の確率で申込みに至っている。この高い効率性によって営業コストを抑制できるため、売上規模は大きくないものの、高い収益性を維持することが可能となっている。

高額なニッチサービスを対象とする本領域では、**地域金融機関への期待が大きい**。地域に根差した地域金融機関がブランド企業やイネイブラーを効果的に活用すれば、ニッチサービスにおける総合的な金融プレイヤーとしての地位を確立していくことも可能だ。エンベデッドファイナンスの特性を活かし、特定の顧客層に焦点を当てた高付加価値サービスを展開できれば、大手金融機関との差別化ができ、持続可能な成長を追求できるだろう。

価値あるサービスの実現

ここまで、エンベデッドファイナンスの台頭によって分化すると予想される4つの領域について説明してきた。

少額な金融サービスにおいては、「①マスサービス×少額（デジタル）」の領域は、大手事業会社が既存の顧客接点を活用し、シームレスに金融サービスを組み込んでいくことが予想される。一方、「②ニッチサービス×少額（デジタル）」の領域では、多様なプレイヤーがエンベデッドファイナンスを駆使して革新的なサービスを創出し、金融業界の市場自体を拡張することが期待される。

高額な金融サービスにおいては、対面やハイブリッド型のサービス提供モデルの重要性が再認識されるようになってきている。「③マスサービス×高額（対面）」の領域では、大手金融機関が従来の強みを維持しつつ、引き続き中心的な役割を担うだろう。「④ニッチサービス×高額（対面）」の領域では、地域金融機関がブランドやイネイブラーと連携しながら、特定顧客層の細やかなニーズに応えていく展開が予想される。

各プレイヤーが自社の特性を最大限に活かしながら、顧客ニーズに即した革新的かつ価値あるサービスを生み出していくことが期待される。

2

エンベデッドファイナンスを導入するうえでの実務上の勘所

ここまでさまざまな事例を紹介してきたが、エンベデッドファイナンスを用いて金融サービスに参入する際には、慎重な検討と戦略的なアプローチが不可欠である。単に同業他社の動向や既存の顧客基盤の存在を理由に、安易に参入しても成功はみえてこない。本書の締めくくりとして、エンベデッドファイナンス導入に際して企業が留意すべき実務上の重要なポイントを解説したい。

明確な目的設定

エンベデッドファイナンスの検討において最も重要なステップは、明確な目的を設定することだ。エンベデッドファイナンスを通じて金融サービスを提供する目的はさまざまである。プロジェクトの目的を明確化することではじめて、適切なサービス設計、リソースの効率的配分、そしてKPIの設定が可能となる。目的が明確になっていれば、その目的に沿った独自性のある商品の選択とサービスの設計が可能になるし、必要なリソースを効果的に配分できる。さらに、具体的な目的に基づいて適切なKPIを設定することで、サービス開始以降の正しい評価が可能になる。

エンベデッドファイナンスによる金融サービスの提供は、多くの場合、新規事業として展開される。金融サービスは立上げに時間を要し、初期段階における収益性は低いことが多いため、プロジェクトの評価が難しい。必要なリソースを確保しながら、プロジェクトを継続していくためには、**目的に即した適切なKPIを設定し、モニタリングすること**が極めて重要だ。

ブランド企業によるエンベデッドファイナンスの導入目的は多岐にわたるが、代表的なものとしては次の5つがあげられる。

- 収益源の代替
- 既存顧客へのクロスセル
- 顧客体験の向上

・顧客ロイヤリティの強化
・市場シェアの拡大

それぞれの目的に応じたサービス設計のポイントを解説しよう。

サービス設計のポイント

(1) 収益源の代替

本来の提供価値をもたらすサービスでは課金せず、付随する金融取引で収益化を図ることを目的とするパターンである。本業サービスの提供価値が大きく、金融取引を組み合わせることでそのサービスの効率性が高まる場合に成功しやすい。

事例としては、支出管理システムを提供するフィンテック企業ランプによる法人クレジットカードがあげられる（第5章－1参照）。

［設計ポイント］
・**本業サービスとの高い関連性**
本来の提供価値をもたらすサービスをより円滑に利用するために、金融サービスも使いたいと感じてもらえるような体験の設計が重要。
・**シンプルな商品設計**
逆に、金融サービス自体の差別化や手数料の競争力はそれほど問われないため、シンプルで明瞭な商品設計を心がけることが重要。

(2) 既存顧客へのクロスセル

本業サービスの顧客層へのクロスセルを主目的とするパターンである。本業サービスにおいて金融サービスに対する独自のニーズが発生する、あるいは、蓄積されたデータによって独自性のある金融サービスが提供可能な場合に適している。

第5章－2で紹介した、レストラン向けシステムを提供するトーストによるレンディングサービスはこのパターンに該当する。

【設計ポイント】

・収益性の高い金融サービスの選択

限られた顧客層から収益規模を確保していく必要があるため、レンディングなど、収益性の高い金融商品を選択することが重要。

・競争力のある商品設計

エンドユーザーは必ずしも同サービスから、金融サービスを利用する必要はないため、本業サービスから得られるデータを活用して、他の金融機関では提供できない顧客層にサービスを提供したり、競争力のある手数料設計にしたりすることが重要。

(3) 顧客体験の向上

金融サービスを本業サービスにシームレスに統合することで、顧客の利便性を高めることを目的とするパターンである。

事例としては、ウーバーのドライバー向けデビットカードがある。配車後即時にドライバーが報酬を受け取れるようにすることで、エンゲージメントの向上に成功している。

［設計ポイント］

・顧客体験を重視した商品設計

本パターンでは、極端にいえば金融サービス単体で利益をあげる必要はないため、収益性を気にすることなくサービス・商品設計ができる。それをアドバンテージとした、他社にはできない価格・商品設計にすることで、顧客体験の向上を図ることが重要。

・本業サービスとのシームレスな統合

金融サービスを組み合わせることで顧客体験を向上することが求められるため、本業サービスとシームレスに統合されていることが望ましい。たとえば、第5章－3で紹介したショッピファイが提供する配送保険は、サブスクリプションプランの一サービスとして組み込まれており、保険単体では課金しない設計になっている。

(4) 顧客ロイヤリティの強化

金融サービスを通じて顧客との接点を増やし、関係性を深めることでロイヤリティを強化することを目的とするパターンである。

たとえば、スターバックス（Starbucks）は、モバイルアプリとリワードプログラムを統合し、そこに決済機能を組み込むことで、顧客のロイヤリティ向上に成功。2021年時点でアメリカでの売上の約50％が当該プログラムを通じて決済されるほど浸透している。

［設計ポイント］

・**本業サービスとのシームレスな統合**

金融サービスを組み合わせることでロイヤリティを向上することが求められるため、本業サービスとシームレスに統合されていることが望ましい。

・**長期的な顧客価値を重視した設計**

顧客が瞬間的にベネフィットを享受できるものではなく、長く使いたくなるインセンティブ設計が重要。

(5) 市場シェアの拡大

金融サービスの組込みを通じて、新たな顧客層へアプローチしたり、競合他社と差別化を図ったりすることで、市場シェアの拡大を目的とするパターンである。マスサービスを提供している企業が、競争力強化のために金融機能を網羅的に取り込むことが多い。

事例としては、ＰａｙＰａｙ、アップルによる金融サービスの提供があげられる（第4章―1参照）。

［設計ポイント］

・競合他社との差別化要素の明確化

本業サービスがマス向けであることから、組み込む金融サービスもマスサービスであることが求められる一方で、既存金融サービスといかに差別化するかも考慮しなければならない。ＰａｙＰａｙらが２０２３年に提供した「インフルエンザお見舞金」（ＰａｙＰａｙのアプリから加入できるインフルエンザに特化した保険商品）のように、マス向けでありながらも新規性があるものが望ましい。

・拡張性を考慮したサービス／業務設計

顧客基盤を活用することにより、短期間でサービスを急拡大できる可能性がある。そのため、収益性は低くても、シンプルで拡張性のあるサービスを選択すると同時に、急増する業務に対応できる柔軟な業務設計を心がけることが重要。

小さくはじめる

エンベデッドファイナンスを導入する際には、小さくはじめることも大切になる。

一般に、金融事業に参入する際には、多大な初期投資が求められる。具体的には、数十億円規模のシステム投資、コンプライアンス対応を含む最低数十名の専門人材の確保とともに、検討開始から開業まで数年にわたる準備期間が必要となる。結果として、大規模な初期投資に見合う収益が期待できる大規模なサービスを立ち上げる必要があった。

しかし、エンベデッドファイナンスを通じて参入する場合、初期投資を大幅に抑えることが可能だ。そのため、初期投資額に見合う程度の収益が期待できる小規模なサービスからはじめることができる。「**小さくはじめられる**」という特性こそが、エンベデッドファイナンスの最大のメリットといえるだろう。

大規模なサービスを一気に立ち上げたいと考える企業は多いが、その戦略には大きなリスクが伴う。なぜ「小さくはじめる」ことが重要なのか、そしてどのように実践すべきかを説明しよう。

(1) ニッチサービスからはじめる

アップルやPayPay、メルカリなどのマス向けの取組みは注目を集めやすいため、まずはこれらのサービスを模倣したくなるものだ。しかし、マスサービスを提供する大手企業と同じようなサービスを、それ以外の企業が提供しても成功する可能性は極めて低いのが現実である。

エンベデッドファイナンスの登場により、これまで金融業界では実現が難しかったニッチ市場を狙う戦略が可能になった。その機会を活かし、最初から大規模サービスを志向するのではなく、特定の顧客層やニーズに焦点を当てたニッチサービスからはじめるのが賢明である。

ニッチサービスからはじめることには、次のようなメリットがある。

・リスクの最小化

小規模なサービスからはじめることで、初期投資と不確実性を抑えられる。

・市場ニーズの把握

特定の顧客層に集中することで、より深い顧客理解が可能になる。

・差別化

大手企業が参入しにくい領域でサービスを提供することで、相対的に簡単に独自性を打ち出すことができる。

・柔軟な対応

小規模であるがゆえに、市場の反応に応じて迅速にサービスを調整できる。

(2) オペレーションコストを下げる

小規模なニッチサービスからはじめると、サービス開始直後から大きな売上を期待することは難しい。そのため、プロジェクトを継続し顧客数を増やしていくためには、いかにオペレーションコストを下げられるかが鍵となる。

オペレーションコストを下げる処方箋の1つは「**業務の標準化**」だ。業務のカスタマイズを最小限に抑え、できる限り標準化すると、システムの開発や保守を効率的に行えることに加え、業務のアウトソースも容易になる。日本企業には、「当社は特殊だ」と考え、差別化につながらない不要なカスタマイズを行う傾向がある。これは本当によくみられる傾向だが、実際に特殊なケースはそれほど多くない。標準仕様を採用することで、長期的なシステムや業務のコスト削減が可能となる。

(3) 拡大戦略を事前に描く

小さくはじめることは重要だが、同時に、将来的な拡大戦略を事前に描いておくことも忘れてはならない。これにより、次のような利点が得られる。

・フェーズの明確化
立上げフェーズと拡大フェーズを明確に区分することで、各段階に適した戦略を効果的に実行できる。

・リソースの効率的配分
現在のフェーズに必要なリソースと、将来的に必要となるリソースを明確に把握できる。

・目標設定の容易化
段階的な成長目標を設定しやすくなり、進捗評価が容易になる。

エンベデッドファイナンスを活用して金融事業をはじめる際、小さくはじめることの重要性は強調し過ぎることはない。ニッチな市場から着手し、オペレーションコストを最小化しつつ、将来の拡大戦略を見据えて段階的に成長していくアプローチは、リスクを抑えながら持続可能な事業を構築するうえで非常に効果的だ。

エンベデッドファイナンスの柔軟性を最大限に活用し、自社の強みを活かせる特定の顧客層やニーズに焦点を当てたサービスからはじめることで、従来の金融業界では見過ごされてきた市場機会を捉えることができる。同時に、標準化されたシステムの採用や効率的な運営を心がけることで、長期的なコスト削減と収益性の向上を実現できるだろう。

小さくはじめ、徐々に拡大していく戦略は、市場の反応を見極めながら事業を成長させることを可能にする。このアプローチにより、リスクを最小限に抑えつつ、顧客ニーズに適合したサービスへと成長させ、持続可能な金融サービスの構築を目指すことができる。

小さくはじめることは、決して消極的な戦略ではない。むしろ、長期的な成功と持続可能な成長を実現するための最良の選択である。

おわりに

本書では、エンベデッドファイナンスのさまざまな事例を取り上げ、その可能性と展望について論じた。エンベデッドファイナンスは、当初、非金融事業者が既存顧客を活かして金融サービスも提供する程度の取組みとしか捉えられていなかったが、近年、その様相は大きく変化している。

従来型の金融サービスでは行き届かなかった領域に、革新的なサービスが次々と生まれている。たとえば、ＡＰＩによるデータ連携によって、別サービスで入力した情報が事前にインプットされ、スムーズに金融サービスの申込みができるようになった。また、従来の審査基準では融資を受けることが困難だった中小企業が、データを活用した新しい与信モデルによって、より柔軟に資金調達ができるようになっている。

収益面でも、エンベデッドファイナンスは大きな可能性を秘めており、メルカリやベイスのように、非金融事業者において金融事業が企業全体の成長エンジンとなる事例が出現している。金融機関においても、住信ＳＢＩネット銀行のようにＢａａＳ事業を成長の柱として位置づける動きがあらわれている。これは、金融業において新しいマーケットが創造されつつあることを示唆している。

エンベデッドファイナンスは、単なるビジネスモデルの革新にとどまらない。それは、デジタル時代における新しいパートナーシップのあり方を示すものである。これまで金融業とは無縁だと思われていた企業が、テクノロジーをテコに金融サービス領域に参入し、革新的なサービスを生み出している。この潮流は、今後さらに加速していくことだろう。

本書が、読者の皆さまにとって、この新しい潮流を理解する一助となれば幸いである。そして、エンベデッドファイナンスの発展により、これまでどこか使いづらさを感じていた金融サービスが、より身近で使いやすいものとなり、よりよい社会が実現されていくことを願ってやまない。

【著者略歴】

伊藤　祐一郎
Finatextホールディングス 取締役CFO

東京大学経済学部卒。2010年よりUBSの投資銀行本部においてIPOやグローバルM&Aのアドバイザリー業務に従事。
2016年に株式会社Finatextホールディングスに参画し、取締役CFOに就任。グループ内で、証券ビジネスプラットフォームを提供するスマートプラス、次世代型デジタル保険を提供するスマートプラス少額短期保険、組込型融資を提供するスマートプラスクレジットの立上げを牽引。

Finatext

Finatextグループは、「金融を“サービス”として再発明する」をミッションに掲げ、次世代金融インフラストラクチャの提供を通して組込型金融（エンベデッドファイナンス）を実現するフィンテック企業。2013年12月に創業し、2021年12月に東証グロース市場に上場。

実践 エンベデッドファイナンス
――あらゆるサービスに溶け込む新しい金融のかたち

2025年3月12日　第1刷発行

著　者　伊　藤　祐一郎
発行者　加　藤　一　浩

〒160-8519　東京都新宿区南元町19
発　行　所　一般社団法人 金融財政事情研究会
出　版　部　TEL 03(3355)2251　FAX 03(3357)7416
販売受付　TEL 03(3358)2891　FAX 03(3358)0037
URL https://www.kinzai.jp/

校正：株式会社友人社／印刷：株式会社光邦

ISBN978-4-322-14499-4